PEARSON
mi Mundo
Estudios Sociales™

Abriéndonos camino

ESCUELA

STOP

55

PEARSON

Boston, Massachusetts
Chandler, Arizona
Glenview, Illinois
Upper Saddle River, New Jersey

ISBN-13: 978-0-328-63933-5
ISBN-10: 0-328-63933-8
8 17

Autores asesores del programa

The Colonial Williamsburg Foundation
Williamsburg, Virginia

Dr. Linda Bennett
Associate Professor, Department of Learning, Teaching, & Curriculum
College of Education
University of Missouri
Columbia, MO

Dr. Jim Cummins
Professor of Curriculum, Teaching, and Learning
Ontario Institute for Studies in Education
University of Toronto
Toronto, Ontario

Dr. James B. Kracht
Byrne Chair for Student Success
Executive Associate Dean
College of Education and Human Development
Texas A&M University
College Station, Texas

Dr. Alfred Tatum
Associate Professor, Director of the UIC Reading Clinic
Literacy, Language, and Culture Program
University of Illinois at Chicago
Chicago, IL

Dr. William E. White
Vice President for Productions, Publications and Learning Ventures
The Colonial Williamsburg Foundation
Williamsburg, VA

Asesores y revisores

ASESOR DEL PROGRAMA

Dr. Grant Wiggins
Coauthor, *Understanding by Design*

REVISORES ACADÉMICOS

Bob Sandman
Adjunct Assistant Professor of Business and Economics
Wilmington College–Cincinnati Branches
Blue Ash, OH

Jeanette Menendez
Reading Coach
Doral Academy Elementary
Miami, FL

Kathy T. Glass
Author, *Lesson Design for Differentiated Instruction*
President, Glass Educational Consulting
Woodside, CA

Roberta Logan
African Studies Specialist
Retired, Boston Public Schools/ Mission Hill School
Boston, MA

MAESTROS REVISORES DEL PROGRAMA

Glenda Alford-Atkins
Eglin Elementary School
Eglin AFB, FL

Andrea Baerwald
Boise, ID

Ernest Andrew Brewer
Assistant Professor
Florida Atlantic University
Jupiter, FL

Riley D. Browning
Gilbert Middle School
Gilbert, WV

Charity L. Carr
Stroudsburg Area School District
Stroudsburg, PA

Jane M. Davis
Marion County Public Schools
Ocala, FL

Stacy Ann Figueroa, M.B.A.
Wyndham Lakes Elementary
Orlando, FL

LaBrenica Harris
John Herbert Phillips Academy
Birmingham, AL

Marybeth A. McGuire
Warwick School Department
Warwick, RI

Marianne Mack
Union Ridge Elementary
Ridgefield, WA

Emily L. Manigault
Richland School District #2
Columbia, SC

Laura Pahr
Holmes Elementary
Chicago, IL

Jennifer Palmer
Shady Hills Elementary
Spring Hill, FL

Diana E. Rizo
Miami-Dade County Public Schools/Miami Dade College
Miami, FL

Kyle Roach
Amherst Elementary, Knox County Schools
Knoxville, TN

Eretta Rose
MacMillan Elementary School
Montgomery, AL

Nancy Thornblad
Millard Public Schools
Omaha, NE

Jennifer Transue
Northampton, PA

Megan Zavernik
Howard-Suamico School District
Green Bay, WI

Dennise G. Zobel
Pittsford Schools–Allen Creek
Rochester, NY

Manual de Estudios Sociales

⊙ Lectura y Escritura

Hechos y opiniones 2

Causa y efecto 4

Idea principal y detalles 5

Comparar y contrastar 6

Secuencia 7

Claves para la buena escritura 8

s. XXI Aprendizaje del siglo XXI
Tutor en línea 9

Mi escuela, mi comunidad

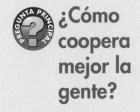

¿Cómo coopera mejor la gente?

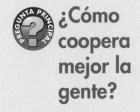 Historia: ¡Despeguemos! 10

Empecemos con una canción
Nuestra bandera 11

Vistazo al vocabulario 12

Lección 1
Soy un buen ciudadano 14

Lección 2
Mis derechos y responsabilidades 18

Colaboración y creatividad
El conflicto y la cooperación 22

Lección 3
Sigo las reglas 24

Lección 4
Mis líderes 28

Lección 5
Mi gobierno 32

Destrezas de lectura
Hechos y opiniones 36

Lección 6
Los símbolos de mi país 38

Repaso y Evaluación 42

Story Book 45

El trabajo en la comunidad

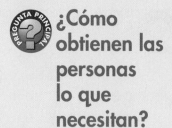

¿Cómo obtienen las personas lo que necesitan?

ml Historia: ¡Despeguemos! 46

🎵 Empecemos con una canción
   Así seré 47

Vistazo al vocabulario 48

Lección 1
Lo que necesitamos, lo que deseamos . . 50

Lección 2
¿Por qué escogemos una opción? 54

Lección 3
Bienes y servicios 58

⊙ Destrezas de lectura
   Causa y efecto 62

Lección 4
Comprar y vender 64

Lección 5
Gastar y ahorrar 68

Destrezas de gráficas
   Tablas y gráficas 72

Lección 6
Los trabajos que hacen las personas 74

Repaso y Evaluación 78

my Story Book 81

¿Cómo es el mundo?

mi Historia: ¡Despeguemos! 82

♫ Empecemos con una canción
¡Qué lindo es conservar! 83

Vistazo al vocabulario 84

Lección 1
¿Dónde están ubicadas las cosas? 86

Lección 2
Los mapas y los globos terráqueos 90

Destrezas de mapas
Partes de un mapa 94

Lección 3
La tierra y el agua 96

Lección 4
Los continentes y los océanos 100

Lección 5
Nuestro medio ambiente 104

Destrezas de lectura
Idea principal y detalles. 108

Lección 6
Ir de aquí a allá 110

Repaso y Evaluación 114

my Story Book 117

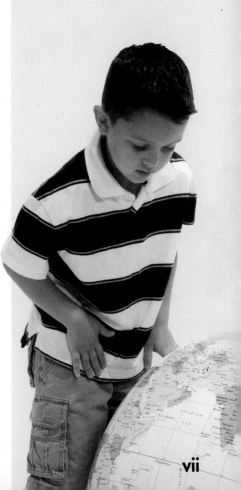

Las tradiciones que compartimos

¿Cómo se comparte la cultura?

mi Historia: ¡Despeguemos! 118

🎵 Empecemos con una canción
   A conocer el mundo 119

Vistazo al vocabulario 120

Lección 1
¿Qué es la cultura? 122

Lección 2
Las familias son parecidas y diferentes . . 126

Lección 3
¿Qué ocasiones celebramos? 130

⊙ Destrezas de lectura
   Comparar y contrastar. 134

Lección 4
Las celebraciones de nuestra nación . . . 136

Lección 5
Las historias de nuestro pasado 140

Lección 6
Compartimos nuestras culturas 144

s. XXI Medios y tecnología
   Usar fuentes gráficas 148

Repaso y Evaluación 150

my Story Book 153

Nuestro pasado, nuestro presente

mi Historia: ¡Despeguemos! 154

🎵 **Empecemos con una canción**
Explosión de tecnología 155

Vistazo al vocabulario 156

Lección 1
Medir el tiempo 158

◉ Destrezas de lectura
Secuencia 162

Lección 2
Hablar sobre el tiempo 164

Destrezas de gráficas
Líneas cronológicas 168

Lección 3
**¿Cómo aprendemos acerca
de la historia?** 170

Lección 4
Los héroes estadounidenses 174

Lección 5
La vida, antes y ahora 178

Lección 6
La tecnología, antes y ahora 182

Repaso y Evaluación 186

my Story Book 189

Atlas y Glosario R1

Índice y Reconocimientos R17

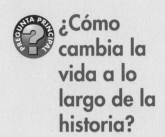

PREGUNTA PRINCIPAL
¿Cómo cambia la vida a lo largo de la historia?

Hechos y opiniones

Hecho = Está lloviendo.

Opinión = ¡Los días de lluvia son divertidos!

Causa y efecto

Causa   Efecto

Idea principal y detalles

Idea principal

Detalles

Comparar y contrastar

Secuencia

Claves para la buena escritura

El proceso de la escritura

Los buenos escritores siguen un plan cuando escriben. ¡Estos cinco pasos te ayudarán a ser un buen escritor!

Prepararse	Planifica tu escrito.
Borrador	Escribe tu primer borrador.
Revisar	Mejora tu escrito.
Corregir	Corrige tu escrito.
Presentar	Presenta tu escrito a tus compañeros.

Aprendizaje del siglo XXI
Tutor en línea

Conéctate en línea a myworldsocialstudies.com para practicar las siguientes destrezas. Estas destrezas serán importantes a lo largo de tu vida. Después de completar cada tutoría de destrezas en línea, márcalas en esta página de tu *Cuaderno de trabajo*.

◉ Destrezas clave de lectura

- ☐ Idea principal y detalles
- ☐ Causa y efecto
- ☐ Clasificar y categorizar
- ☐ Hechos y opiniones
- ☐ Sacar conclusiones
- ☐ Generalizar
- ☐ Comparar y contrastar
- ☐ Secuencia
- ☐ Resumir

● Destrezas de colaboración y creatividad

- ☐ Resolver problemas
- ☐ Trabajar en equipo
- ☐ Resolver conflictos
- ☐ Generar nuevas ideas

● Destrezas de gráficas

- ☐ Interpretar gráficas
- ☐ Crear tablas
- ☐ Interpretar líneas cronológicas

● Destrezas de mapas

- ☐ Usar longitud y latitud
- ☐ Intrepretar mapas físicos
- ☐ Interpretar datos económicos en mapas
- ☐ Interpretar datos culturales en mapas

● Destrezas de razonamiento crítico

- ☐ Comparar puntos de vista
- ☐ Usar fuentes primarias y secundarias
- ☐ Identificar parcialidad
- ☐ Tomar decisiones
- ☐ Predecir consecuencias

● Destrezas de medios y tecnología

- ☐ Hacer una investigación
- ☐ Uso seguro de Internet
- ☐ Analizar imágenes
- ☐ Evaluar el contenido de los medios de comunicación
- ☐ Hacer una presentación eficaz

Mi escuela, mi comunidad

¿Cómo coopera mejor la gente?

Haz un dibujo en el que estés siendo un buen ciudadano en la escuela.

mi Historia: Video

myworldsocialstudies.com ▶ **Relacionar** ▶ **mi** Historia: Video

Lección 1 Soy un buen ciudadano

Lección 2 Mis derechos y responsabilidades

Lección 3 Sigo las reglas

Lección 4 Mis líderes

Lección 5 Mi gobierno

Lección 6 Los símbolos de mi país

♫ Empecemos con una canción

Nuestra bandera

Canta con la melodía de "Las mañanitas".

El Día de la Independencia
una nueva historia comenzó.
Hoy honramos la bandera,
símbolo de la nación.

Bandera, linda bandera,
que está en nuestro corazón,
nosotros la saludamos
con una gran emoción.

Vistazo al vocabulario

ciudadano

responsabilidad

derecho

votar

ley

Encierra en un círculo ejemplos de estas palabras en la ilustración.

líder

gobierno

gobernador

presidente

símbolo

Conozcan al gobernador

1897

ALCALDÍA

NO ESTACIONAR EN TODO EL DÍA

23 ABC

55

STOP

Lección 1

Soy un buen ciudadano

¡Imagínalo!

Encierra en un círculo alguien que ayuda.

Un **ciudadano** es una persona que pertenece a un estado o un país. Los buenos ciudadanos trabajan para mejorar las cosas. Ayudan a los demás. Siguen las reglas. Esas son las responsabilidades de los buenos ciudadanos. Una **responsabilidad** es algo que debes hacer.

1. ◎ **Hechos y opiniones Subraya** los hechos que hablan sobre los buenos ciudadanos en las oraciones de arriba.

14

Vocabulario

ciudadano
responsabilidad
comunidad

Ciudadanos en la escuela

Podemos ser buenos ciudadanos en la escuela. Podemos ayudar a los demás. Podemos seguir las reglas. Podemos trabajar bien en grupo.

Los buenos ciudadanos se preocupan por su país. Lo demostramos cuando hacemos el Juramento a la bandera. El Juramento dice que seremos leales a nuestro país.

2. **Escribe** una manera en que puedes ser buen ciudadano en la escuela.

Ciudadanos en la comunidad

Una **comunidad** es el lugar donde las personas viven, trabajan y juegan. Puedes ser buen ciudadano en tu comunidad. Puedes seguir las reglas de tu comunidad. Puedes hacer cosas que ayuden a los demás. Puedes ayudar a mantener limpia la comunidad.

3. **Subraya** en las oraciones de arriba maneras de ser buen ciudadano en tu comunidad.

Limpieza de una playa en Santa Mónica, California

4. ● **Idea principal y detalles** **Lee** las siguientes oraciones. **Subraya** la idea principal.

Soy buen ciudadano. Sigo las reglas. Pongo la basura en su lugar.

5. ? Soy buen ciudadano en la clase cuando

mi Historia: Ideas

⬛ **¡Para!** Necesito ayuda

▶ **¡Sigue!** Ahora sé

Lección 2

Mis derechos y responsabilidades

¡Imagínalo!

Estos niños ayudan en casa.

Los buenos ciudadanos tienen derechos y responsabilidades. Un **derecho** es lo que eres libre de hacer o tener. Una responsabilidad es algo que debes hacer.

1. **Mira** la foto. ¿Qué responsabilidad tiene la niña?

18

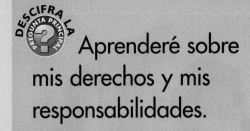
Dibuja una manera en que puedas ayudar en casa.

Mis derechos

Tú tienes derechos en casa y en la escuela. Tienes derecho a decir lo que piensas. Tienes derecho a ser parte de un grupo. También tienes derecho a reír, hablar y jugar.

2. ◉ **Idea principal y detalles** ⬭Encierra⬭ en un círculo la idea principal de arriba. **Subraya** las oraciones que tienen detalles.

Mis responsabilidades

Tienes responsabilidades en casa. Una puede ser limpiar tu cuarto. Otras pueden ser hacer la tarea y decir siempre la verdad.

Tienes responsabilidades en la escuela. Una es hacer el mejor trabajo que puedas. Otras son seguir las reglas y esperar tu turno.

3. **Marca** los recuadros que muestran tus responsabilidades.

Mis responsabilidades

En casa	En la escuela
☐ dar de comer a una mascota	☐ esperar mi turno
☐ poner la mesa	☐ llevarme bien con los demás
☐ limpiar mi cuarto	☐ seguir las reglas
☐ decir la verdad	☐ hacer el mejor trabajo que pueda

Cooperar con los demás es tu responsabilidad. Al **cooperar,** trabajas en conjunto. No acosas a tus compañeros. Trabajas bien con los demás.

4. ◉ **Hechos y opiniones** **Lee** la siguiente oración. **Escribe** si es un hecho o una opinión.

Tienes derecho a ser parte de un grupo.

_____

_____

_____

5. ❓ Una responsabilidad que tengo en clase es

 **mi** Historia: Ideas

_____

_____

_____

⬛ **¡Para!** Necesito ayuda _____

▶ **¡Sigue!** Ahora sé _____

El conflicto y la cooperación

Cooperación quiere decir trabajar con otras personas. Conflicto quiere decir no llevarse bien con los demás. Una manera de terminar un conflicto es mostrar respeto y cooperar.

Los niños quieren jugar diferentes juegos.

Los niños escogen un juego para jugar juntos.

1. **Mira** el dibujo. Los niños quieren hacer cosas diferentes.

2. **Haz un dibujo** para mostrar cómo los niños pueden trabajar en conjunto para terminar el conflicto.

Sigo las reglas

Encierra en un círculo las señales que muestran lo que las personas deben o no deben hacer.

Si quieres decir algo en clase, levantas la mano. Es una regla de la clase. Las reglas nos dicen qué hacer. También nos dicen qué no hacer.

Las reglas nos protegen. Nos ayudan a llevarnos bien con los demás. Hacen que las cosas sean justas.

Una regla importante es la regla de oro. Esta regla dice cómo tratar a las personas. Seamos buenos con las personas. Tratemos a las personas como queremos que nos traten.

El cartel dice: No pisar el pasto, por favor.

NO
Swimming

Aprenderé sobre las reglas que seguimos.

Vocabulario

votar
ley

Las reglas en casa y en la escuela

Tenemos reglas en casa. Tenemos reglas en la escuela. Somos buenos con las personas. Cuidamos nuestras cosas. Guardamos las cosas en su lugar. No tocamos las cosas de los demás. Esperamos nuestro turno.

A veces un grupo vota para hacer una regla. **Votar** es escoger una opción. Cada persona tiene un voto. La opción que tiene más votos es lo que hace el grupo.

1. ◉ **Hechos y opiniones**
   <u>Subraya</u> en las oraciones de arriba un hecho sobre las reglas.

Las leyes en la comunidad

Las comunidades también tienen reglas. Una regla de una comunidad se llama **ley.** Las leyes nos dicen lo que debemos hacer. También nos dicen lo que no debemos hacer.

Una ley dice que los niños deben ir a la escuela. La ley se asegura de que recibamos educación. Otra ley dice que debes usar casco cuando montas en bicicleta. Esa ley nos protege. Otra ley dice que hay que arrojar la basura en su lugar. Esa ley mantiene limpia la comunidad.

2. **Completa** el espacio en blanco usando los detalles de arriba como ayuda.

_____

- - - - - - - - - - - - - - - - - - -

_____ ayudan a protegernos.

3. ◉ **Comparar y contrastar** ¿Cuál es una regla que sigues en casa y en la escuela?

4. ⍰ Una regla que sigo en la escuela es   mi Historia: Ideas

⬜ **¡Para!** Necesito ayuda

▶ **¡Sigue!** Ahora sé

Mis líderes

¡Imagínalo!

Encierra en un círculo las personas que están a cargo.

Un **líder** ayuda a las personas a decidir qué hacer. Los líderes pueden hacer reglas. También se aseguran de que nosotros sigamos las reglas.

Los líderes nos ayudan en casa, en la escuela y en la comunidad. Un líder de la escuela es el director.

1. **Completa** el espacio en blanco usando los detalles de arriba como ayuda.

_____

El _____

hace las reglas de la escuela.

Los líderes en casa

Tenemos líderes en casa. Pueden ser las madres y los padres. Pueden ser los abuelos. Los hermanos y las hermanas mayores también pueden ser líderes.

Los líderes de tu casa te protegen. Te mantienen sano. Hacen reglas para que todos se lleven bien.

2. **Hechos y opiniones** **Lee** las oraciones de abajo. **Encierra** en un círculo la opinión.

Un abuelo es un líder.

Los abuelos son los mejores líderes.

Los líderes en la escuela

El director y los maestros son líderes de la escuela. Te ayudan a seguir las reglas. Otros líderes de la escuela te protegen. Ellos se aseguran de que sigas las reglas en el autobús y a la hora del almuerzo. Los entrenadores también se aseguran de que sigas las reglas.

Tú también puedes ser un líder. Una manera de serlo es hacer un trabajo de la clase. Otra manera es ser el capitán de un equipo.

Los líderes en la comunidad

Muchos líderes de la comunidad quieren que todos estemos protegidos. Ellos se aseguran de que todos sigamos las leyes. Los agentes de policía se aseguran de que paremos en la luz roja. Los bomberos protegen a las personas de los incendios. Los doctores ayudan a los enfermos a sentirse mejor.

3. Completa el espacio en blanco.

Tenemos líderes en la escuela y en la

_____

_____

4. ⊙ **Idea principal y detalles** **Lee** las siguientes oraciones.
Encierra en un círculo la idea principal.

Un entrenador es un líder de la escuela. El entrenador
enseña a los niños a practicar deportes.

5. ⓺ Un líder de mi escuela nos ayuda
cuando

mi **Historia: Ideas**

_____

_____

_____

◻ **¡Para!** Necesito ayuda _____

▷ **¡Sigue!** Ahora sé _____

Mi gobierno

Imagínalo!

Encierra en un círculo las personas que trabajan para la comunidad.

Piensa en lo que pasaría si nadie estuviera a cargo. No habría nadie para ayudar a hacer las leyes. No habría nadie para decidir lo que necesitan las comunidades.

Un **gobierno** está formado por ciudadanos. Ellos están a cargo. Trabajan juntos para hacer reglas y leyes. Trabajan para que los ciudadanos tengan buenos lugares donde vivir.

Tenemos tres clases de gobierno. Tenemos gobiernos para la comunidad, para el estado y para el país.

Los líderes del gobierno se reúnen en la Alcaldía de Miami, Florida.

DESCIFRA LA PREGUNTA PRINCIPAL ?

Aprenderé cómo
nos ayuda el gobierno.

Vocabulario
....

gobierno
alcalde
gobernador
presidente

El gobierno de la comunidad

En muchas comunidades, el líder es
el **alcalde.** Otros líderes trabajan
con el alcalde en el gobierno de
la comunidad.

Estos líderes hacen reglas y leyes para
la comunidad. Se aseguran de que
haya policías y bomberos. Se aseguran
de que se recoja la basura.

1. ◎ **Hechos y opiniones**
   <u>Subraya</u> en las oraciones de arriba
   los hechos sobre lo que hacen los
   líderes de la comunidad.

Capitolio de Tallahassee,
Florida

El gobierno del estado

El líder de un estado es el **gobernador.** El gobernador trabaja con otros líderes en el gobierno del estado.

Estos líderes hacen reglas y leyes para el estado. Se aseguran de que haya escuelas en el estado. Se aseguran de que las carreteras sean seguras.

2. **Completa** el espacio en blanco usando los detalles de arriba como ayuda.

El _____

es el líder de un estado.

El gobierno nacional

El líder de nuestro país es el **presidente.** Los ciudadanos votan para escoger al presidente. El presidente trabaja con líderes de toda la nación. Ellos hacen las leyes para todas las personas del país.

Presidente Barack Obama

34

El gobierno nacional se asegura de que todas las personas sean tratadas con justicia. Se asegura de que el correo llegue a su destino. Protege a los ciudadanos.

3. **Subraya** una cosa que hace el presidente.

¿Entiendes?

4. 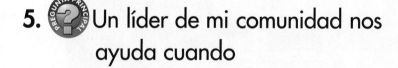 **Causa y efecto** ¿Cómo se escoge al presidente en nuestro país?

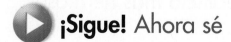

5. Un líder de mi comunidad nos ayuda cuando

mi Historia: Ideas

■ **¡Para!** Necesito ayuda

▶ **¡Sigue!** Ahora sé

Hechos y opiniones

Algunas oraciones dan hechos. Un hecho es verdadero.

Algunas oraciones dan opiniones. Una opinión dice cómo se siente alguien. Muchas veces las opiniones empiezan con la palabra "Creo".

Hecho   La Casa Blanca está en Washington, D.C.

Opinión   Creo que la Casa Blanca es el edificio más hermoso de Washington, D.C.

¡Inténtalo!

1. **Mira** la foto. **Lee** las oraciones que están debajo de ella.

Creo que los bomberos tienen el trabajo más importante.

Los bomberos trabajan juntos para apagar incendios.

2. **Subraya** la oración que da un hecho.

3. **Encierra** en un círculo la oración que da una opinión.

Los símbolos de mi país

¡Imagínalo!

Nuestro país se llama Estados Unidos de América. Nuestra bandera roja, blanca y azul es un símbolo de nuestro país. Un **símbolo** es algo que representa otra cosa. Nuestro país tiene muchos símbolos.

1. ⊙ **Hechos y opiniones**
   Lee las siguientes oraciones.
   Encierra en un círculo la opinión.

   La bandera de los Estados Unidos es un símbolo de nuestro país.

   El rojo, el blanco y el azul son los mejores colores para una bandera.

El Tío Sam es un símbolo de nuestro país.

Los símbolos de nuestro país

La Estatua de la Libertad representa esperanza y libertad. La Campana de la Libertad también representa libertad. La Casa Blanca representa el gobierno de nuestro país. Allí vive el presidente. El águila de cabeza blanca es un símbolo viviente de nuestro país. Representa fuerza y libertad.

Estatua de la Libertad

2. **Completa** el espacio en blanco usando los detalles de arriba como ayuda.

La Campana de la Libertad y el águila de cabeza blanca son símbolos de

_____

_____

Águila de cabeza blanca

Las canciones y el Juramento a la bandera

Cantamos canciones para mostrar que queremos a nuestro país. Las canciones *"The Star-Spangled Banner"* y *"My Country, 'Tis of Thee"* tratan de nuestro país. También cantamos la canción *"America"*. Miramos la bandera para decir el Juramento a la bandera. Eso también muestra que queremos a nuestro país.

3. **Subraya** los nombres de tres canciones de los Estados Unidos.

Documentos de los Estados Unidos

La Declaración de Independencia es un documento importante. Fue escrito por líderes que vivieron hace muchos años. Ayudó a que nuestro país fuera libre.

Cuando nuestro país era nuevo, los líderes hicieron un plan para hacer leyes. Ese plan es la Constitución.

La Constitución enumera derechos
y libertades de las personas
en nuestro país.

4. **Subraya** los nombres de dos
documentos importantes.

¿Entiendes?

5. ● **Hechos y opiniones** **Lee** la siguiente oración.
   Escribe si es un hecho o una opinión.
   La Estatua de la Libertad es un símbolo de los
   Estados Unidos.

6. ❓ Soy un buen ciudadano en la
   comunidad cuando

mi Historia: Ideas

⬛ **¡Para!** Necesito ayuda

▶ **¡Sigue!** Ahora sé

Lección 1

1. ¿Cuál es una responsabilidad de un buen ciudadano en una comunidad?

_____

- -

_____

_____

- -

_____

Lección 2

2. Haz un dibujo de una responsabilidad que tienes en casa o en la escuela.

Lección 3

3. ◉ **Hechos y opiniones** **Lee** las siguientes oraciones.
Subraya el hecho. **Encierra** en un círculo la opinión.

A. Creo que necesitamos una ley que ponga sendas de bicicletas en todas las calles.

B. Una regla nos dice qué hacer y qué no hacer.

Lección 4

4. **Mira** las palabras del recuadro. **Escribe** los líderes en el lugar correcto de la tabla.

director   abuelo   maestro   madre

Líderes	
Casa	**Escuela**
hermana mayor	chofer del autobús

5. **Subraya** el nombre del líder de nuestro país.

   alcalde   gobernador   presidente

Lección 6

6. **Rellena** el círculo de la respuesta correcta.

   ¿Qué opción es un símbolo de nuestro presidente?

   Ⓐ   Estatua de la Libertad

   Ⓑ   Campana de la Libertad

   Ⓒ   Casa Blanca

   Ⓓ   águila de cabeza blanca

Conéctate en línea para escribir e ilustrar tu **myStory Book** usando **miHistoria: Ideas** de este capítulo.

¿Cómo coopera mejor la gente?

En este capítulo aprendiste qué es ser un buen ciudadano.

Dibuja personas de tu comunidad haciendo cosas que hacen los buenos ciudadanos.

Mientras estás en línea, dale un vistazo a **myStory Current Events,** donde puedes crear tu propio libro sobre un tema de actualidad.

El trabajo en la comunidad

PREGUNTA PRINCIPAL

¿Cómo obtienen las personas lo que necesitan?

Haz un dibujo en el que estés haciendo un trabajo en la escuela o en tu casa.

mi Historia: Video

Lección 1 Lo que necesitamos, lo que deseamos

Lección 2 ¿Por qué escogemos una opción?

Lección 3 Bienes y servicios

Lección 4 Comprar y vender

Lección 5 Gastar y ahorrar

Lección 6 Los trabajos que hacen las personas

 # Empecemos con una canción

Así seré

Canta con la melodía de "Over the River and Through the Woods"

¡Cómo yo quiero
a los bomberos
de mi comunidad!
El trabajo en equipo
lo hacen muy bien,
cada uno en su lugar.

Cargan mangueras,
suben escaleras.
¿Será que un día seré
responsable como un bombero?
Sí, compañeros, así seré.

Vistazo al vocabulario

necesidades

deseos

opción

escaso

bienes

Encierra en un círculo ejemplos de estas palabras en la ilustración.

servicios

productor

consumidor

mercado

trabajo

Lo que necesitamos, lo que deseamos

¡Imagínalo!

1 2

Mira las dos ilustraciones.

Hay cosas que las personas deben tener para vivir. Hay cosas que a las personas les gusta tener.

Las personas tienen necesidades

Las **necesidades** son cosas que debemos tener para vivir. Los alimentos y el agua son necesidades. Tenemos que comer y beber para vivir. También necesitamos ropa y vivienda. Una **vivienda** es un lugar donde vivir.

1. **Mira** la ilustración de esta página. **Encierra** en un círculo las cosas que muestran necesidades.

50

Vocabulario

necesidades   deseos
vivienda   dinero

Escribe el número de la ilustración que corresponde a los artículos.

Las personas tienen deseos

Los **deseos** son cosas que nos gustaría tener. No necesitamos esas cosas para vivir. Un televisor es un deseo. Es divertido ver televisión. No es algo que necesitamos para vivir.

2. **Piensa** en una necesidad y un deseo que no están en la tabla. **Escribe** la necesidad y el deseo donde correspondan en la tabla.

Las personas tienen necesidades y deseos	
Necesidades	**Deseos**
alimento	bicicleta
casa	teléfono

Satisfacer necesidades y deseos

Todas las personas tienen las mismas necesidades. Necesitan agua y alimento. Necesitan ropa y vivienda. Las personas tienen distintos deseos. Desean tener juguetes o carros u otras cosas.

Las personas satisfacen sus necesidades de distintas maneras. Algunas cultivan su propio alimento. Otras hacen, o producen, su propia ropa. Algunas construyen sus propias casas.

La mayoría de las personas usan dinero para comprar las cosas que necesitan y las que desean. El **dinero** son las monedas o los billetes que se usan para comprar cosas. Las personas trabajan para ganar dinero.

3. ⊙ **Causa y efecto Lee** las siguientes oraciones. ⟨**Encierra**⟩ en un círculo la oración que muestra la causa.

Las personas necesitan dinero para comprar cosas.

Las personas trabajan para ganar dinero.

⟨¿Entiendes?⟩

4. ⊙ **Hechos y opiniones Lee** la siguiente oración. **Escribe** si es un hecho o una opinión.

Todos necesitamos alimentos para vivir.

_____

5. ❓ ¿Cómo satisfacen sus necesidades la mayoría de las personas?

mi Historia: Ideas

_____

_____

_____

⬜ **¡Para!** Necesito ayuda _____

▶ **¡Sigue!** Ahora sé _____

¿Por qué escogemos una opción?

¡Imagínalo!

¿Qué plato escogerías para comer? **Marca** tu opción con una *X*.

A veces, no podemos tener todo lo que deseamos. Entonces, tenemos que escoger una opción. Escoger una **opción** es elegir entre dos cosas. Elegimos una cosa y dejamos la otra.

1. **Mira** las ilustraciones. ¿Qué alimento crees que sería una buena opción para la cena? **Encierra** en un círculo ese alimento.

54

Vocabulario

opción   intercambio

escaso

Escribe por qué lo escogiste.

Escogemos qué comprar

A veces no hay suficiente cantidad de una cosa. Cuando no hay suficiente cantidad de algo, decimos que es **escaso.** Mira la foto. Tres niños quieren usar la computadora. Hay una sola computadora. Las computadoras son escasas en esta clase.

El dinero también puede ser escaso. Es posible que las personas no tengan suficiente dinero para todas sus necesidades y deseos. Deben escoger qué comprar.

2. ◉ **Causa y efecto** **Subraya** en el texto de arriba las palabras que indican por qué algo puede ser escaso.

Hacemos intercambios

A veces, tienes que escoger entre dos opciones. Quizá quieres jugar. Quizá también quieres ver una película. No puedes hacer las dos cosas al mismo tiempo. Entonces, tienes que escoger una opción. Si juegas, no ves la película. Cuando escoges una opción, haces un intercambio. Un **intercambio** es dejar una cosa para obtener otra. La cosa que dejas se llama costo de oportunidad.

3. **Mira** las siguientes fotos. **Escoge** la que muestra lo que te gustaría hacer. **Encierra** en un círculo tu opción.

4.  **Causa y efecto** Lee las siguientes oraciones. **Subraya** el efecto.

Tres niños quieren manzanas de merienda. Hay una sola manzana. Dos niños deben escoger otra merienda.

5. Piensa en alguna vez en que tuviste que escoger entre dos opciones. ¿Cuál escogiste? ¿Cómo lo decidiste?

mi Historia: Ideas

⬜ **¡Para!** Necesito ayuda _____

▶ **¡Sigue!** Ahora sé _____

Lección 3

Bienes y servicios

¡Imagínalo!

Marca con una *X* a las personas que producen cosas.

Algunos trabajadores hacen cosas para las personas. Otros trabajadores producen cosas. Las personas compran esas cosas para satisfacer sus necesidades.

¿Qué son los bienes?

Los **bienes** son cosas que las personas cultivan o producen. Las personas cultivan maíz. También cultivan manzanas. El maíz y las manzanas son bienes. Las personas producen pan. También producen camisas. El pan y las camisas son bienes.

1. **Encierra** en un círculo los bienes que hay en el texto de arriba.

58

Aprenderé qué son los bienes y los servicios.

Vocabulario

bienes

servicios

Hay bienes en casa, en la escuela y en la comunidad. Los juguetes y la comida son ejemplos de bienes que hay en casa. Los escritorios y el papel son ejemplos de bienes que hay en la escuela. Los libros de la biblioteca y los carros son ejemplos de bienes que hay en la comunidad.

2. ◉ **Causa y efecto Lee** las siguientes oraciones. **Subraya** el efecto.

A los niños les gusta jugar con juguetes y juegos.

El trabajador produce juguetes para los niños.

¿Qué son los servicios?

Los **servicios** son trabajos que las personas hacen para ayudar a otros. Los médicos y las enfermeras ayudan a los enfermos. Ayudar a los enfermos es un servicio. Reparar carros y cortar el césped también son servicios.

Las escuelas tienen trabajadores que prestan servicios. Los maestros te ayudan a aprender. Los choferes de autobús te llevan a la escuela y a tu casa. Los entrenadores te enseñan a jugar deportes.

Las comunidades también tienen trabajadores de servicios. La policía y los bomberos te protegen. Los carteros llevan el correo a tu casa.

3. **Escribe** el nombre de un trabajador de servicios de tu comunidad.

4. ⊙ **Comparar y contrastar** **Escribe** dos bienes y dos servicios en la tabla.

Tipos de bienes y servicios	
Bienes	**Servicios**
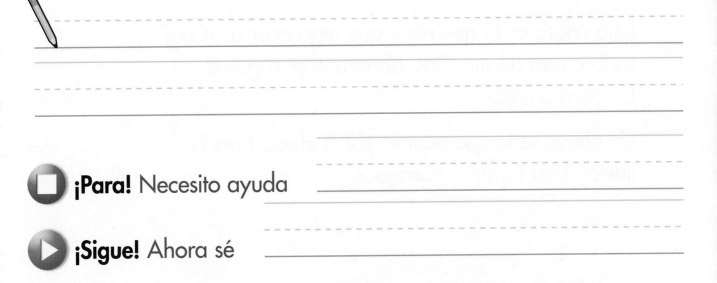	

5. ¿Qué tipo de servicio te gustaría hacer para otras personas?

mi Historia: Ideas

☐ **¡Para!** Necesito ayuda

▶ **¡Sigue!** Ahora sé

Causa y efecto

Tina caminaba por la calle. Empezó a llover.
Tina abrió el paraguas.

causa   efecto

Una causa es lo que hace que algo ocurra. ¿Cuál
es la causa de que Tina abriera el paraguas?
Empezó a llover.

Un efecto es lo que ocurre. ¿Qué efecto tuvo la
lluvia? Tina abrió el paraguas.

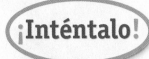

Lee las oraciones. Luego, **mira** las ilustraciones.

Travis hizo una torre de bloques. Su perro chocó contra la torre. La torre se cayó.

1. ¿Por qué se cayó la torre? **Escribe** la causa.

_____

_____

2. ¿Qué le pasó a la torre? **Escribe** el efecto.

_____

_____

Comprar y vender

¡Imagínalo!

Mira las botas.

Las personas obtienen bienes y servicios de distintas maneras. Una de esas maneras es intercambiar. **Intercambiar** es dar una cosa para obtener otra. Podemos intercambiar los bienes que producimos. Podemos intercambiar servicios. También podemos intercambiar dinero por bienes y servicios.

1. ◉ **Idea principal y detalles**

   (Encierra) en un círculo la idea principal del texto de arriba.

TOMATES CASEROS

Limonada FRESCA

Dibuja un lugar donde podrías comprar las botas.

Productores y consumidores

Un **productor** cultiva o produce bienes. Los panaderos son productores. Los panaderos hacen pan. Los productores pueden vender los bienes que producen.

Un **consumidor** usa bienes y servicios. Los consumidores compran el pan que hacen los panaderos. Los productores también pueden ser consumidores. Compran las cosas que necesitan para producir bienes. Los panaderos compran harina para hacer pan.

2. Escribe qué hace un productor.

_____

Los mercados

Los productores pueden llevar a un mercado los bienes que producen. Un **mercado** es un lugar donde se venden bienes. Los consumidores compran cosas en los mercados. En los mercados hay alimentos, ropa, juguetes y otros bienes.

3. (Encierra) en un círculo los bienes que ves en las ilustraciones.

4. ⊙**Idea principal y detalles Lee** las oraciones. (Encierra) en un círculo la idea principal.

Los productores cultivan o producen bienes. Los granjeros son productores. Cultivan bienes. Los panaderos son productores. Producen bienes.

5.  Piensa en un trabajo que te gustaría hacer como productor. ¿Qué producirías?

(mi) **Historia: Ideas**

_____

_____

_____

_____

 **¡Para!** Necesito ayuda _____

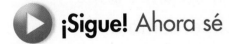 **¡Sigue!** Ahora sé _____

Gastar y ahorrar

¡Imagínalo!

Marca con una X cada foto que muestra cómo se puede usar el dinero.

Hace mucho tiempo, las personas intercambiaban bienes y servicios. Una persona que reparaba sillas quería huevos. Una persona que quería vender huevos tenía una silla rota. Intercambiaban un bien por un servicio. Así, las dos obtenían lo que querían.

1. **Mira** el dibujo de los niños con sus calcomanías.

Encierra en un círculo los bienes que intercambian.

Usar dinero

Las personas no siempre tienen un bien o un servicio para intercambiar. Entonces, hoy en día la mayoría de las personas usan dinero para intercambiar. Usan dinero para obtener bienes. Usan dinero para obtener servicios. Las personas usan dinero para comprar lo que necesitan y lo que desean.

2. **Completa** el espacio en blanco usando los detalles de arriba como ayuda.

Las personas usan dinero para _____ lo que necesitan y lo que desean.

Ahorrar dinero

Las personas pueden gastar dinero ahora o pueden ahorrarlo. **Ahorrar** dinero quiere decir guardarlo para más tarde. Las personas ahorran hasta tener suficiente dinero para comprar lo que necesitan o lo que desean. La mayoría de las personas ahorran dinero en un banco. Los bancos cuidan el dinero.

Algunas personas piden dinero prestado a un banco. **Pedir prestado** quiere decir tomar algo y prometer devolverlo. Las personas piden dinero prestado para comprar ahora lo que necesitan o lo que desean.

Bea quiere una bicicleta. No tiene suficiente dinero. Entonces, trabaja para ganar dinero. Ahorra dinero durante mucho tiempo. Finalmente, tiene el dinero suficiente. ¡Se compra la bicicleta que desea!

3. ◎ **Causa y efecto** (Encierra) en un círculo la razón por la que Bea ahorra dinero. **Subraya** el efecto.

4.  **Hechos y opiniones** **Lee** la siguiente oración.

Escribe si es un hecho o una opinión.

Creo que es mejor intercambiar con bienes que con dinero.

5. **PREGUNTA PRINCIPAL** Si no tienes el dinero suficiente para comprar algo, ¿qué haces?

mi **Historia: Ideas**

⬜ **¡Para!** Necesito ayuda

▶ **¡Sigue!** Ahora sé

Tablas y gráficas

Una tabla permite mostrar cosas usando palabras, números y dibujos o fotos. El título indica de qué se trata la tabla. Las filas y las columnas muestran información.

Ashley trabaja. Pasea perros para ganar dinero. Mira la siguiente tabla. El lado izquierdo muestra las semanas que Ashley trabajó. El lado derecho muestra cuánto dinero ganó.

fila ▶

Dinero que ganó Ashley por pasear perros	
Semana	**Dinero**
Semana 1	$2
Semana 2	$5
Semana 3	$3
Semana 4	$2

▲ **columna**

¡Inténtalo!

1. **Mira** la tabla de esta página. La tabla muestra el dinero que ganó Ashley por quitar la maleza. **Encierra** en un círculo el título.

2. ¿Cuánto dinero ganó Ashley en la semana 2 por quitar la maleza?

3. **Subraya** la semana en la que ganó $4.

4. **Subraya** la cantidad de dinero que ganó en la semana 4.

Dinero que ganó Ashley por quitar la maleza	
Semana	**Dinero**
Semana 1	$3
Semana 2	$2
Semana 3	$4
Semana 4	$3

Lección 6

Los trabajos que hacen las personas

¡Imagínalo!

Sue alimenta a los peces del salón de clase. Es una manera de ayudar en la escuela.

Las personas tienen trabajos. Un **trabajo** es una tarea que hacen las personas. Producir sombreros es un trabajo. Vender bienes en una tienda es un trabajo.

Muchas personas tienen trabajos para ganar dinero. Otras personas trabajan porque quieren ayudar a otros. Esas personas no ganan dinero por hacer su trabajo.

Vocabulario

trabajo

Haz un dibujo para mostrar una manera en que ayudas en casa o en la escuela.

Trabajos en casa

Las personas hacen trabajos en casa para ayudar a su familia. Limpiar tu cuarto es un trabajo. Cuidar de una mascota es otro trabajo.

Algunos trabajos que las personas hacen en su casa les permiten ganar dinero. Las personas pueden hacer cosas para vender. Algunas personas cosen ropa. Venden la ropa para ganar dinero.

1. ⊙ **Idea principal y detalles** Encierra en un círculo la idea principal de arriba. **Subraya** dos detalles.

Trabajos en la escuela

Las personas hacen trabajos en la escuela. Los maestros y los directores ayudan a los niños a aprender. Los cocineros trabajan para alimentar a los niños. Todos ellos producen servicios.

Los niños también trabajan en la escuela. Los niños escuchan. Hacen preguntas. Aprenden.

2. **Mira** las fotos. **Encierra** en un círculo a la persona que está haciendo un trabajo en la escuela.

Distintos trabajos

Las personas hacen trabajos distintos. Para algunos trabajos, hacen falta muchas personas. Hacen falta muchas personas para fabricar un carro o construir una casa.

Algunas personas usan herramientas para hacer sus trabajos. Las herramientas de los pintores son las brochas. Los constructores usan martillos.

3. **Mira** los trabajadores que están pintando un mural. **Encierra** en un círculo al que está usando una herramienta.

4. ⊙ **Causa y efecto Lee** las siguientes oraciones.

Encierra en un círculo la causa. **Subraya** el efecto.

La mayoría de las personas tienen trabajo.
Ganan dinero por su trabajo.

5. ¿Qué trabajos tienen las personas en tu comunidad?

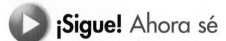 **mi** Historia: Ideas

☐ **¡Para!** Necesito ayuda

▶ **¡Sigue!** Ahora sé

Lección 1

1. Escribe *deseo* o *necesidad* debajo de cada imagen.

_____

_____

_____

_____

Lección 2

2. Subraya el ejemplo de algo que es escaso.

A. Hay un vaso de leche. Dos niños quieren leche.

B. Hay dos vasos de leche. Dos niños quieren leche.

3. Mira las palabras del recuadro. Decide si son bienes o servicios. **Escribe** las palabras en el lugar correcto de la tabla.

libros enseñar manejar manzanas

Tipos de bienes y servicios	
Bienes	**Servicios**
camas	limpiar

4. ¿Qué foto muestra a un productor? **Encierra** en un círculo al productor.

5. ⊙ **Causa y efecto Lee** las siguientes oraciones. (**Encierra**) en un círculo la causa. **Subraya** el efecto.

Vijay quería comprar una pelota de básquetbol nueva. Ahorró dinero y se compró la pelota.

6. **Rellena** el círculo de la respuesta correcta.

¿Cuál es un trabajo que alguien hace en la escuela?

Ⓐ doblar la ropa

Ⓑ vender zapatos

Ⓒ cocinar

Ⓓ hacer la cama

Conéctate en línea para escribir e ilustrar tu **myStory Book** usando **miHistoria: Ideas** de este capítulo.

¿Cómo obtienen las personas lo que necesitan?

En este capítulo, aprendiste que las personas trabajan para obtener lo que necesitan o lo que desean.

Haz un dibujo de un trabajo que te gustaría tener cuando seas grande.

Mientras estás en línea, dale un vistazo a **myStory Current Events,** donde puedes crear tu propio libro sobre un tema de actualidad.

Observar nuestro mundo

 mi Historia: ¡Despeguemos!

PREGUNTA PRINCIPAL

¿Cómo es el mundo?

Piensa en un lugar donde te gustaría jugar al aire libre. **Dibuja** lo que ves allí.

mi Historia: Video

myworldsocialstudies.com ▶ Relacionar ▶ mi Historia: Video

Lección 1 ¿Dónde están ubicadas las cosas?

Lección 2 Los mapas y los globos terráqueos

Lección 3 La tierra y el agua

Lección 4 Los continentes y los océanos

Lección 5 Nuestro medio ambiente

Lección 6 Ir de aquí a allá

 Empecemos con una canción

¡Qué lindo es conservar!

Canta con la melodía de "La raspa".

Tenemos que cuidar
la tierra y el mar.
Ganamos al ahorrar
en vez de usar y usar.

Podemos reciclar
en vez de desperdiciar.
Nos vamos a alegrar;
¡qué lindo es conservar!

Vistazo al vocabulario

mapa

globo terráqueo

montaña

desierto

océano

ZOOLÓGICO

Océano
Pacífico

Océano
Atlántico

Reducir
desechos

Encierra en un círculo ejemplos de estas palabras en la ilustración.

Dónde viven los animales

montañas

desierto

lago

MAPA DEL ZOOLÓGICO

1 Patos
2 Focas
3 Entrada
4 Aves

lago

continente

reducir

reutilizar

reciclar

¡Imagínalo!

¿Dónde están ubicadas las cosas?

(Encierra) en un círculo la silla que está junto al escritorio del maestro.

Las palabras que indican dirección nos dicen dónde están las cosas. Una **dirección** es una instrucción para encontrar algo o para ir hacia un lugar. *Izquierda* y *derecha* son palabras que indican dirección. También lo son *frente a* y *detrás de*. En la ilustración, el autobús está frente a la escuela.

1. ◉ **Idea principal y detalles Subraya** una oración que dé detalles sobre las palabras que indican dirección.

ESCUELA PRIMARIA HURSTON

AUTOBÚS

Aprenderé que las palabras que indican dirección nos ayudan a encontrar lugares y cosas.

Vocabulario

dirección

mapa

Mira el estante. ¿Qué hay a la izquierda? Marca ese objeto con una X.

Dónde están los lugares

Podemos usar palabras que indican dirección para decir dónde están los lugares. En el dibujo, la estación de bomberos está a la izquierda de la casa de color café. La palabra *izquierda* nos indica dónde mirar.

2. **Dibuja** un árbol a la derecha de la casa de color café. **Haz un dibujo** donde estés frente a la estación de bomberos.

Direcciones en un mapa

Un **mapa** es un dibujo de un lugar real. Muestra dónde están las cosas. Los mapas usan las direcciones norte, sur, este y oeste.

Mira el siguiente mapa. Señala la escuela con el dedo. Mueve el dedo hacia la flecha que dice "Oeste". El área de juego está al oeste de la escuela.

3. Encierra en un círculo lo que está al este del área de juego en el mapa.

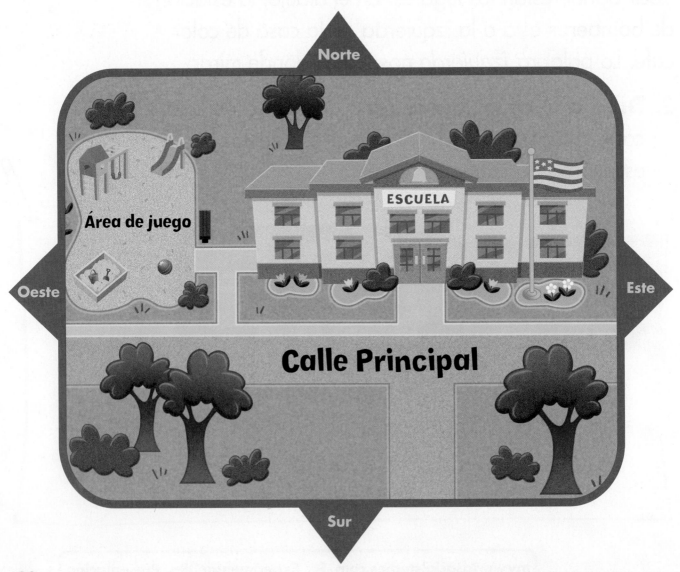

4. ◉ **Idea principal y detalles Lee** las siguientes oraciones. (**Encierra**) en un círculo la idea principal.

Puedo usar palabras que indican dirección para decir dónde está mi bicicleta.

Mi bicicleta está detrás de la casa. Está debajo de un árbol.

5. ❓ **Piensa** en un lugar donde te gusta jugar. Usa palabras que indican dirección. **Escribe** dónde está.

mi Historia: Ideas

⬜ **¡Para!** Necesito ayuda

▶ **¡Sigue!** Ahora sé

Los mapas y los globos terráqueos

¡Imagínalo!

monos

elefantes

Mira el mapa. ¿Cómo puedes ir del lugar de los elefantes al de los leones?

La Tierra es el planeta donde vivimos. Es redonda, como una pelota. Está formada por tierra y agua.

Globos terráqueos

Un **globo terráqueo** es un modelo redondo de la Tierra. Muestra toda la tierra y el agua que hay en nuestro planeta. Las partes azules representan el agua. Las partes de color café y verde representan la tierra.

1. ⊙ **Idea principal y detalles** Encierra en un círculo la idea principal del texto de arriba.

Zoológico

leones

Dibuja una línea en el camino para
mostrar cómo llegar hasta allí.

Aprenderé que los
mapas y los globos
terráqueos muestran
lugares de la Tierra.

Vocabulario

globo terráqueo
leyenda

Mapas

Los mapas también muestran tierra y agua,
pero son planos. Los mapas pueden mostrar
lugares grandes, como un estado. Pueden
mostrar lugares pequeños, como una ciudad.

El mapa de un estado puede mostrar
carreteras y los nombres de las
ciudades. El mapa de una ciudad
puede mostrar calles y edificios.

Algunos mapas tienen una leyenda.
La **leyenda** indica qué quieren
decir las ilustraciones del mapa.

2. **Mira** el mapa. **Encierra** en
un círculo la leyenda.

Norte

Nuestra ciudad

Oeste

Este

Leyenda

banco   estanque

mercado   escuela

Sur

Ubicar lugares en un mapa

Podemos usar mapas para ubicar lugares. El mapa de abajo muestra los 50 estados de nuestro país. También muestra Washington, D.C. Esa es la capital de nuestra nación.

Mira la leyenda. La leyenda muestra una estrella para la capital de nuestra nación. Ubica la estrella en el mapa. La estrella marca dónde está Washington, D.C.

3. Mira el mapa. **Encierra** en un círculo tu estado.

Los Estados Unidos de América

Leyenda
★ capital de la nación

4. ◉ **Comparar y contrastar** ¿En qué se parecen los mapas y los globos terráqueos? ¿En qué se diferencian?

Semejanzas

Diferencias

5. ❓ Piensa en un mapa de tu vecindario. **mi Historia: Ideas**
Nombra una cosa que pondrías en la leyenda.

⬛ **¡Para!** Necesito ayuda

▶ **¡Sigue!** Ahora sé

Partes de un mapa

Los mapas tienen muchas partes. El título indica qué muestra el mapa. El título de este mapa es "Centro de la ciudad". La rosa de los vientos muestra direcciones. Las flechas tienen una N para el norte, una S para el sur, una E para el este y una O para el oeste. Los símbolos de los mapas son dibujos que representan cosas reales. La leyenda dice qué quieren decir los símbolos. El símbolo de la biblioteca del mapa muestra dónde está la biblioteca.

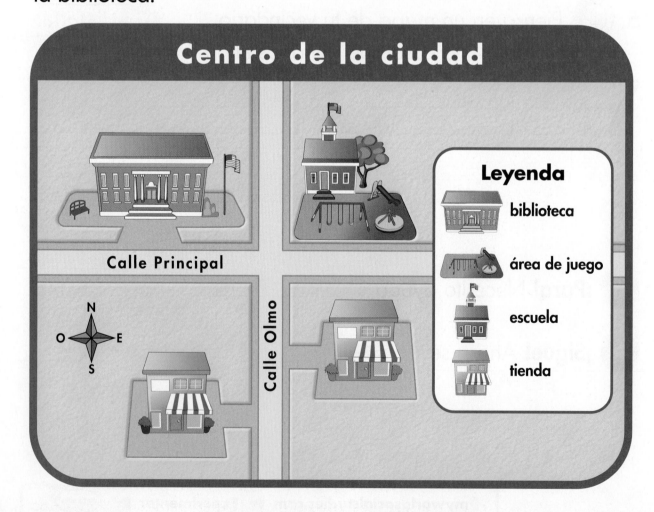

Centro de la ciudad

Calle Principal

Calle Olmo

N
O E
S

Leyenda

biblioteca

área de juego

escuela

tienda

1. **Encierra** en un círculo la rosa de los vientos del mapa de abajo.

2. **Subraya** el símbolo de la estación de bomberos en el mapa y en la leyenda.

3. **Dibuja** un mapa de tu vecindario, como el siguiente. Muestra los lugares que rodean tu escuela.

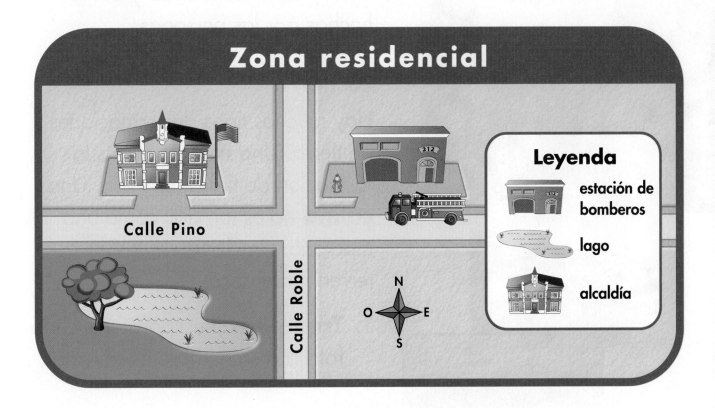

¡Imagínalo!

Colorea la tierra de color café.
Colorea el agua de color azul.

Nuestro planeta está formado por tierra y agua. La tierra y el agua son parte de la naturaleza. En los lugares de la Tierra hay cosas que vienen de la naturaleza y cosas hechas por las personas.

La tierra

Hay muchos tipos de formaciones de tierra. Una **montaña** es la formación de tierra más alta. Una **colina** no es tan alta como una montaña. Un **desierto** es un terreno muy seco.

1. **Traza** una línea para unir cada foto con su nombre en el texto.

DESCIFRA LA PREGUNTA PRINCIPAL

Aprenderé sobre las distintas formas de la tierra y el agua en nuestro planeta.

Vocabulario

montaña	océano
colina	lago
desierto	río

Agua

Hay distintos tipos de masas de agua. Un **océano** es una masa de agua muy grande. El agua del océano es salada. Un **lago** está rodeado de tierra. Los lagos son más pequeños que los océanos. Un **río** es largo. El agua de los ríos corre hacia un lago o un océano. El agua de la mayoría de los lagos y ríos no es salada.

2. **Traza** una línea para unir cada foto con su nombre en el texto.

Las personas hacen cambios

Las personas construyen cosas en la tierra y el agua de nuestro planeta. Construyen puentes por encima del agua. Construyen casas sobre la tierra. Construyen lugares donde trabajar y jugar. Suelen usar cosas de la naturaleza para hacer esos lugares.

3. ◉ **Idea principal y detalles** ¿Cuál es la idea principal del texto de arriba? **Escríbela** en el espacio de abajo.

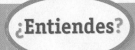

4. ◉ **Comparar y contrastar** **Escribe** una manera en que se parecen los lagos y los océanos. **Escribe** una manera en que se diferencian.

Semejanzas

Diferencias

5. ❓ ¿Qué tipo de formación de tierra o de agua hay cerca de tu comunidad?

mi Historia: Ideas

■ **¡Para!** Necesito ayuda

▶ **¡Sigue!** Ahora sé

Lección 4

Los continentes y los océanos

¡Imagínalo!

Esta es una foto de los Estados Unidos. Se tomó desde el espacio.

Un mapa del mundo puede mostrar toda la Tierra. El siguiente mapa muestra toda el agua y la tierra del planeta. La mayor parte de la Tierra está cubierta de agua.

El mundo

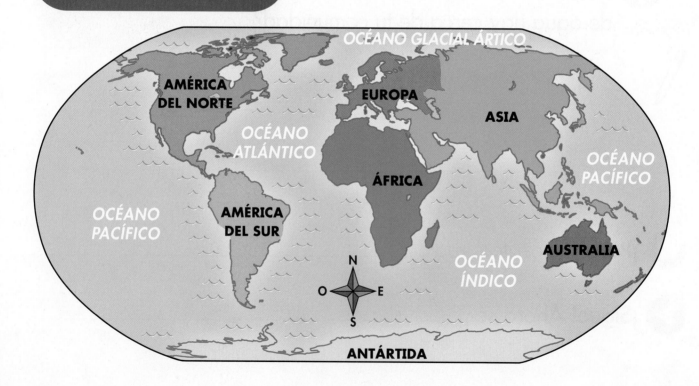

OCÉANO GLACIAL ÁRTICO

AMÉRICA DEL NORTE

EUROPA

ASIA

OCÉANO ATLÁNTICO

ÁFRICA

OCÉANO PACÍFICO

OCÉANO PACÍFICO

AMÉRICA DEL SUR

AUSTRALIA

OCÉANO ÍNDICO

N O E S

ANTÁRTIDA

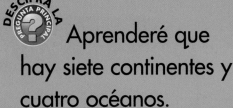

Escribe qué muestran las áreas de color verde y café en la foto.

Los continentes y los océanos

Un **continente** es un área grande de tierra. Hay siete continentes en nuestro planeta. Vivimos en el continente de América del Norte.

Hay cuatro océanos en la Tierra. América del Norte está rodeada de tres océanos. Por el este, está el océano Atlántico. Por el oeste, el océano Pacífico. Por el norte, está el océano Glacial Ártico.

1. ◉ **Idea principal y detalles**
   Encierra en un círculo la idea principal del texto de arriba.

América del Norte

América del Norte

Los Estados Unidos son un país del continente de América del Norte. Canadá y México también son países de América del Norte. Canadá está al norte de los Estados Unidos. México está al sur de los Estados Unidos.

2. Ubica las masas de agua en el mapa. (**Encierra**) en un círculo el océano Glacial Ártico, el océano Pacífico y el océano Atlántico. **Subraya** el golfo de México.

(¿Entiendes?)

3. ⊙ **Idea principal y detalles** **Lee** las siguientes oraciones. (**Encierra**) en un círculo la idea principal. **Subraya** los detalles.

Nuestro planeta tiene muchos tipos de formaciones de tierra y de agua. Hay siete continentes. Hay cuatro océanos.

4. (PREGUNTA PRINCIPAL ?) ¿En qué continente está tu comunidad?   (mi) Historia: Ideas

⬛ **¡Para!** Necesito ayuda

▶ **¡Sigue!** Ahora sé

Nuestro medio ambiente

¡Imagínalo!

(Encierra) en un círculo las cosas que no forman parte de una playa soleada.

La Tierra es nuestro hogar. Usamos cosas de la Tierra para vivir.

Recursos naturales

Un recurso es algo que podemos usar. Los recursos naturales vienen de la naturaleza. Usamos el agua para beber, cocinar y lavar. Cultivamos alimentos en el suelo. Usamos árboles para hacer cosas.

1. **Subraya** tres recursos naturales.

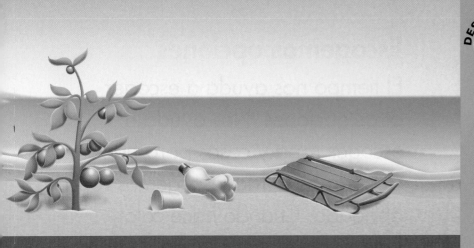

DESCIFRA LA PREGUNTA PRINCIPAL Aprenderé que el tiempo y los recursos naturales influyen en nuestra forma de vida.

Vocabulario

tiempo reutilizar
reducir reciclar

El tiempo

El **tiempo** es cómo está el día en un determinado momento y lugar. En algunos lugares, el tiempo es caluroso. En otros lugares, el tiempo es frío. En distintos lugares puede haber tiempo seco, húmedo o nevoso.

Las casas nos mantienen abrigados o frescos. El tiempo nos ayuda a escoger qué tipo de casa construir.

2. **Completa** el espacio en blanco usando los detalles de arriba como ayuda.

La lluvia es un tipo de

_____

_____

Escogemos opciones

El tiempo nos ayuda a escoger otras opciones. Nos ayuda a escoger ropa y cosas para hacer. Cuando hace frío, escogemos ropa abrigada. Cuando hace calor, jugamos a algunos juegos. Cuando nieva, jugamos a otros.

3. ◉ **Idea principal y detalles** Encierra en un círculo la idea principal del texto de arriba.

Cuidar la Tierra

Podemos cuidar nuestros recursos naturales. **Reducir** es usar menos cantidad de algo. **Reutilizar** algo es usarlo más de una vez. **Reciclar** es tomar algo y convertirlo en algo nuevo.

4. **Subraya** maneras de cuidar la Tierra.

¿Entiendes?

5. **Causa y efecto** ¿Qué tipo de tiempo te haría usar un abrigo?

6. ¿Qué recursos naturales hay cerca de tu comunidad?

mi Historia: Ideas

¡Para! Necesito ayuda

¡Sigue! Ahora sé

Destrezas de lectura

Idea principal y detalles

Todos los textos tienen una idea principal. La idea principal es la idea más importante. Los detalles dicen más cosas sobre la idea principal. La idea principal de un párrafo a menudo es la primera oración.

Mira la siguiente postal. David y su familia fueron al lago. Esa es la idea principal. Fueron a nadar. Pasearon en bote. Esos son detalles. Los detalles dicen más sobre la idea principal.

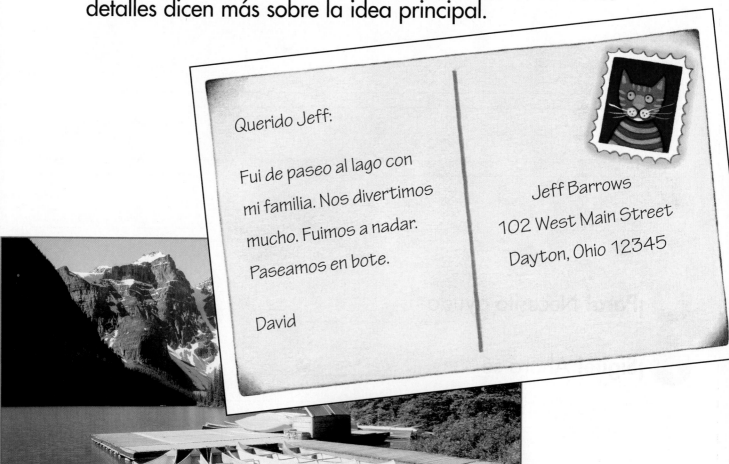

Querido Jeff:

Fui de paseo al lago con mi familia. Nos divertimos mucho. Fuimos a nadar. Paseamos en bote.

David

Jeff Barrows
102 West Main Street
Dayton, Ohio 12345

¡Inténtalo!

1. **Lee** la siguiente postal de Jackie.

2. **Encierra** en un círculo la idea principal.
   Subraya los detalles.

Querida abuela:

Fuimos a las montañas
a visitar a la tía Lexie.
Anduvimos en trineo.
Hicimos bolas de nieve.
Hacía frío, ¡pero fue
divertido!

Jackie

Sra. Mary Muñoz
3002 West First Avenue
Tampa, FL 12345

Ir de aquí a allá

¡Imagínalo!

(Encierra) en un círculo las fotos que muestran maneras que hayas usado para viajar.

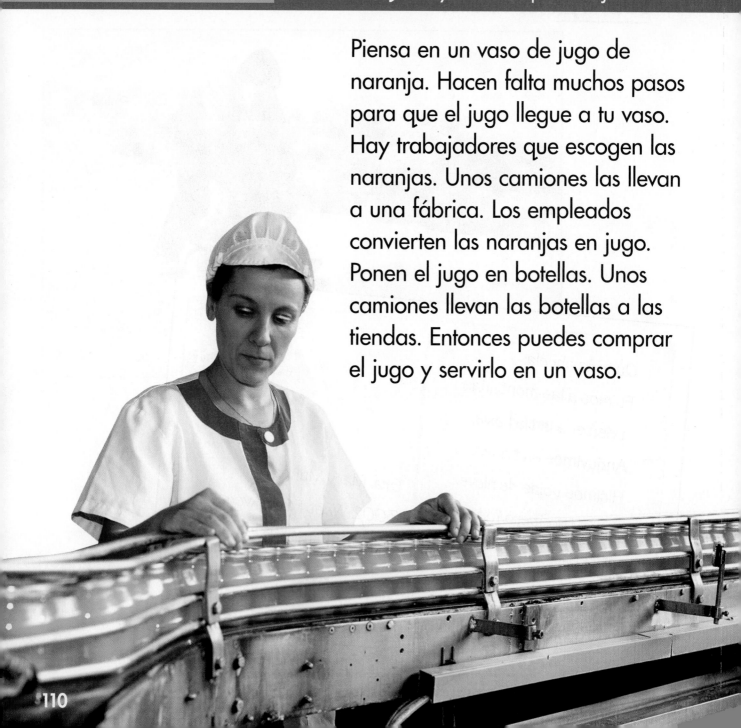

Piensa en un vaso de jugo de naranja. Hacen falta muchos pasos para que el jugo llegue a tu vaso. Hay trabajadores que escogen las naranjas. Unos camiones las llevan a una fábrica. Los empleados convierten las naranjas en jugo. Ponen el jugo en botellas. Unos camiones llevan las botellas a las tiendas. Entonces puedes comprar el jugo y servirlo en un vaso.

Vocabulario

transporte
comunicarse

El transporte

El **transporte** es la manera en que las personas van de un lugar a otro o se llevan los bienes. Los camiones, los aviones y los barcos son medios de transporte. Los trenes, los autobuses y las bicicletas también son medios de transporte.

Usamos el transporte para ir a distintos lugares. Los vendedores lo usan para llevar bienes a las tiendas. Los compradores lo usan para ir a las tiendas y comprar bienes, como el jugo de naranja.

1. **Escribe** palabras para terminar la oración.

Uso el transporte cuando voy a

_____

Comunicación

Puedes comunicarte con personas que viven muy lejos. **Comunicarse** es dar y recibir información. Puedes escribir una carta. Puedes llamar por teléfono. Puedes usar tu computadora para enviar una nota.

2. ⊙ **Idea principal y detalles**
Encierra en un círculo la idea principal del párrafo de arriba.
Subraya tres oraciones que dan detalles.

3.  **Comparar y contrastar Escribe** las palabras del recuadro en el lugar correcto de la tabla.

camión   teléfono   computadora   autobús

Transporte y comunicación	
Transporte	**Comunicación**

4. ¿Qué tipos de transporte usas en tu comunidad?

mi Historia: Ideas

_____

_____

_____

_____

⬜ **¡Para!** Necesito ayuda _____

▶ **¡Sigue!** Ahora sé _____

Repaso y Evaluación

Lección 1

1. **Mira** el siguiente mapa. **Encierra** en un círculo las palabras que indican dirección.

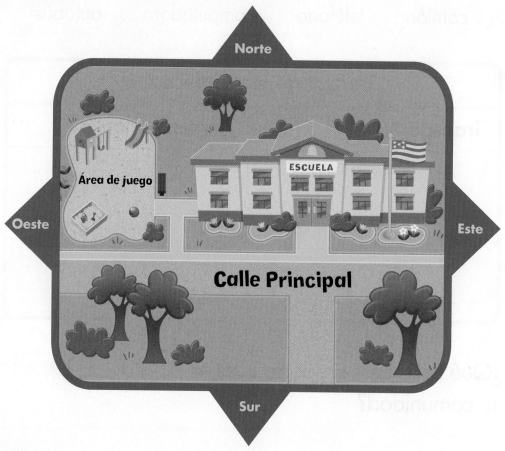

Lección 2

2. **Rellena** el círculo de la respuesta correcta.

   ¿Qué muestra la leyenda de un mapa?

   Ⓐ el título   Ⓒ el globo terráqueo

   Ⓑ símbolos   Ⓓ direcciones

Lección 3

3. Escribe *N* en el mapa para mostrar algo de la naturaleza. **Escribe** *P* sobre algo hecho por las personas.

Zona residencial

Calle Pino

Lección 4

4. América del Norte está arriba a la izquierda. La Florida apunta hacia el océano en el este. **Marca** con una *X* el nombre del océano.

El mundo

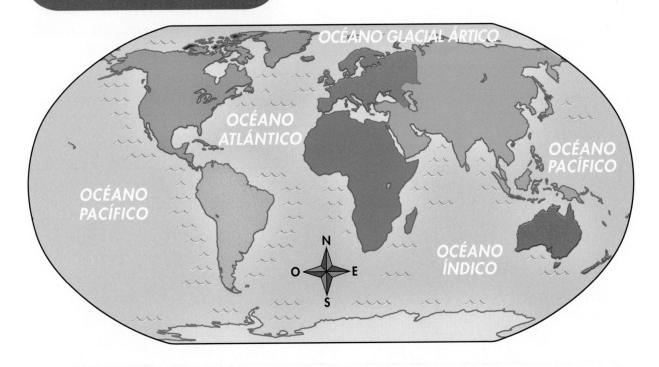

OCÉANO GLACIAL ÁRTICO

OCÉANO ATLÁNTICO

OCÉANO PACÍFICO

OCÉANO PACÍFICO

OCÉANO ÍNDICO

N
O   E
S

5. ¿Qué puedes ponerte si el tiempo está lluvioso?

_____

_____

_____

Lección 6

6. ◉ **Idea principal y detalles** **Lee** las siguientes oraciones. (**Encierra**) en un círculo la idea principal. **Escribe** una oración que dé detalles.

Hay muchos tipos de transporte. Los camiones se usan para llevar bienes. Los autobuses se usan para llevar personas.

_____

_____

_____

_____

¿Cómo es el mundo?

Dibuja un mapa de un lugar que conoces bien, como tu vecindario.

Mientras estás en línea, dale un vistazo a **myStory Current Events,** donde puedes crear tu propio libro sobre un tema de actualidad.

 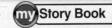

Las tradiciones que compartimos

¿Cómo se comparte la cultura?

Haz un dibujo de ti con tu familia. Muestra una actividad preferida que hacen juntos.

mi Historia: Video

Lección 1 ¿Qué es la cultura?

Lección 2 Las familias son parecidas y diferentes

Lección 3 ¿Qué ocasiones celebramos?

Lección 4 Las celebraciones de nuestra nación

Lección 5 Las historias de nuestro pasado

Lección 6 Compartimos nuestras culturas

 Empecemos con una canción

A conocer el mundo

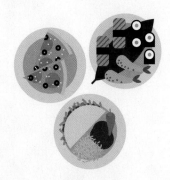

Canta con la melodía de "La bamba".

A conocer el mundo,
a conocer el mundo.
Yo te invito
a que viajes conmigo.
A que viajes conmigo
por tren o barco
o tal vez en avión.

Y arriba y arriba y arriba irás.
Un montón de lugares,
un montón de lugares
conocerás, conocerás, conocerás.
Mundo, mundo, mundo, mundo.

Vistazo al vocabulario

cultura

celebrar

costumbre

héroe

vivienda

CELEBRACIÓN DEL DÍA DE LA CULTURA

ESCUELA

COMIDA DE TAILANDIA อาหาร

Encierra en un círculo ejemplos de estas palabras en la ilustración.

TACOS

RESTAURANTE
ITALIANO
DE LUIGI

tradición

presidente

día feriado

familia

idioma

¿Qué es la cultura?

¡Imagínalo!

¿En qué se parecen estas fotos?
Escribe sobre las semejanzas.

Todos necesitamos alimentos, ropa y una **vivienda,** o casa. Estas cosas también son partes de todas las culturas. La **cultura** es la manera en que vive un grupo de personas. Hay muchas culturas diferentes. Cada una tiene su propia música, danza, arte, religión e idioma. El **idioma** son las palabras que usamos al hablar.

Lo que comemos

Cada cultura tiene sus propios tipos de comidas. En nuestro país, podemos comer comidas de muchas culturas.

1. **Encierra** en un círculo las comidas que hayas probado.

Vocabulario

vivienda
cultura
idioma

La ropa que usamos

La ropa es parte de todas las culturas. Nuestras ropas tienen diferencias. También tienen parecidos. Tenemos ropa para la escuela, para el trabajo y para jugar. Tenemos ropa para los días especiales.

La ropa también muestra dónde viven las personas de una cultura. En lugares donde hace calor, las personas usan ropa fresca. En lugares fríos, usan ropa que abriga.

2. ⊚ **Idea principal y detalles**
(Encierra) en un círculo una idea principal del texto de arriba.
Subraya dos detalles.

Las casas donde vivimos

Las viviendas, o casas, también muestran dónde viven las personas de una cultura. En lugares donde hace calor, las casas están hechas para que el calor quede fuera. En lugares fríos, las casas están hechas para que el calor quede dentro.

Las casas están hechas de distintas cosas. Algunas son de piedra, barro o ladrillo. Otras son de madera de los árboles.

Algunas casas están hechas para una sola familia. Otras están hechas para muchas familias.

3. **Mira** las fotos. **Escribe** una diferencia entre estas casas.

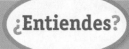

4. ◉ **Comparar y contrastar** ¿En qué se parecen todas las culturas? ¿En qué se diferencian?

_____
_____
_____

5. ? ¿Qué cosa te gustaría contarle a alguien sobre tu cultura?

mi Historia: Ideas

_____
_____
_____
_____

■ **¡Para!** Necesito ayuda _____

▶ **¡Sigue!** Ahora sé _____

Las familias son parecidas y diferentes

Estas son dos familias diferentes.

Una **familia** es un grupo de personas que viven juntas. Una familia puede ser pequeña. Una familia puede ser grande.

Todas las familias se parecen en algunas cosas. Las personas, o miembros, de una familia comparten la misma cultura. Se cuidan unos a otros. Cada uno tiene responsabilidades dentro de su familia.

Costumbres familiares

Las familias tienen muchas costumbres. Una **costumbre** es la manera en que las personas suelen hacer algo.

Haz un dibujo de tu familia.

En algunas familias, todos cantan juntos. Algunas familias salen a dar paseos largos. Otras familias preparan platos especiales para comer. Todas estas cosas son costumbres.

Las diferentes costumbres de cada familia la hacen especial. Pero cada familia también tiene costumbres que comparte con otras personas.

1. (Encierra) en un círculo una costumbre que se muestra en esta foto.

Las familias comparten la cultura

Las familias comparten su cultura con otras personas que viven cerca. Las canciones, las danzas y las comidas que comparten las familias son parte de una comunidad más grande.

Mira la foto. Una familia es la dueña de este mercado. Aquí, la familia vende comidas de su cultura. Cuando otras personas compran y comen estas comidas, están compartiendo la cultura de esa familia.

2. ⦿ **Comparar y contrastar** ¿En qué se parece este mercado a uno de tu comunidad? ¿En qué se diferencia?

_____

_____

_____

_____

_____

_____

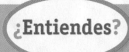

3. ⦿ **Secuencia Escribe** una oración sobre una costumbre que tiene que ver con la comida que compartes con tu familia. **Di** qué haces primero.

Primero, mi familia y yo _____

_____

4. ❓ ¿Cómo compartes una comida con tu familia?

⬜ **mi** Historia: Ideas

_____

_____

_____

_____

⬛ **¡Para!** Necesito ayuda _____

▶ **¡Sigue!** Ahora sé _____

¿Qué ocasiones celebramos?

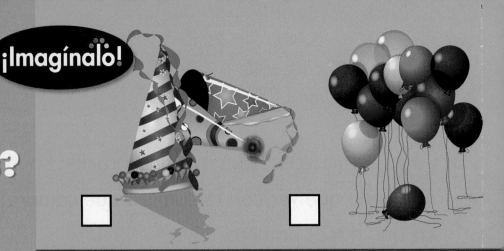

¡Imagínalo!

□   □

Haz una marca en los recuadros para mostrar cada cosa que usas para celebrar.

Las familias tienen muchas tradiciones. Una **tradición** es una manera de hacer algo que las personas van pasando a otras a través del tiempo.

Las familias celebran

Una boda es una tradición. A muchas familias les gusta **celebrar,** o hacer algo especial, en las bodas. Hay familias que celebran reuniones. En una reunión familiar, se vuelven a ver los miembros de una familia que viven lejos unos de otros. Muchas familias también celebran cuando sus hijos se gradúan de la escuela.

1. ⊙ **Idea principal y detalles** Encierra en un círculo la idea principal de esta página. **Subraya** un detalle.

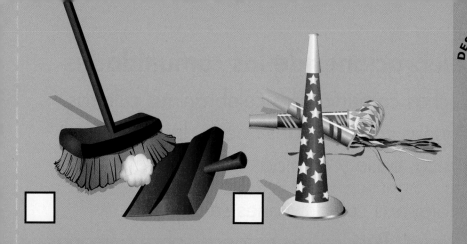

Aprenderé sobre las celebraciones de las familias y las comunidades.

Vocabulario
....
tradición   día feriado
celebrar

Cómo celebramos

Muchas familias celebran los días feriados. Un **día feriado** es un día especial. Algunos días feriados honran a personas. Otros días feriados son tradiciones religiosas. La Navidad, la Pascua judía, el Eid al Fitr y el Kwanzaa son algunos días feriados.

¿Cómo celebran las familias los días feriados? Quizá comen platos especiales. Quizá encienden velas. Quizá decoran sus casas o se dan regalos.

2. **Escribe** el nombre de un día feriado que celebra tu familia.

_____

- - - - - - - - - - - - - - - - - - -

_____

Celebraciones de las comunidades

Muchas comunidades celebran sus culturas. Algunas comunidades hacen desfiles. Hay música, baile y comidas especiales.

En algunas celebraciones se cuentan historias. Pueden ser historias sobre personas importantes o sobre sucesos del pasado. Muchas personas se reúnen para escuchar las historias. A veces, los niños ayudan a contarlas. Contar historias es una tradición en muchas comunidades.

3. **Encierra** en un círculo a la persona que está contando una historia en esta foto.

4. ⦿ **Comparar y contrastar Escribe** una manera en que se parecen muchos días feriados. **Escribe** una manera en que se diferencian.

Semejanzas: _____

Diferencias: _____

5. ❓ ¿Cuál es una celebración de tu comunidad?   mi Historia: Ideas

_____

_____

_____

⬜ **¡Para!** Necesito ayuda _____

▶ **¡Sigue!** Ahora sé _____

Comparar y contrastar

Comparar es mostrar en qué se parecen las cosas, o en qué son iguales. Contrastar es mostrar en qué se diferencian las cosas, o en qué no son iguales.

Mira las fotos de esta página. Luego lee sobre las viviendas de Jin y de Matt. ¿En qué se parecen sus casas? ¿En qué se diferencian?

La casa de Jin es de madera. Hay cinco cuartos. Aquí vive una familia.

La casa de Matt es de ladrillo. Hay cinco cuartos. Aquí viven muchas familias.

Semejanzas   En ambas casas hay cinco cuartos.

Diferencias   La casa de Jin es para una familia.
La casa de Matt es para muchas familias.

Aprenderé a comparar y contrastar cosas.

¡Inténtalo!

Jin va a la escuela. Usa uniforme. A Jin le gusta aprender ciencias.

Matt va a la escuela. Usa *jeans* y una camiseta. A Matt le gusta aprender matemáticas.

1. **Escribe** una manera en que se parecen Jin y Matt.

2. **Escribe** una manera en que se diferencian Jin y Matt.

Las celebraciones de nuestra nación

¡Imagínalo!

Encierra en un círculo las cosas de la ilustración que muestran que hay una celebración.

Un **héroe** es alguien que trabaja mucho para ayudar a los demás. Recordamos a los héroes en algunos días feriados. También recordamos sucesos especiales en los días feriados.

Los héroes de nuestra nación

Martin Luther King, Jr. es uno de nuestros héroes. Lo recordamos en un día feriado de enero. King quería que todos los estadounidenses tuvieran los mismos derechos. Trabajó para que las leyes de nuestra nación fueran justas para todos. Una **nación** es un grupo de personas que tienen un mismo gobierno.

DESCIFRA LA PREGUNTA PRINCIPAL?

Aprenderé que celebramos para recordar personas y sucesos del pasado de nuestra nación.

Vocabulario

héroe   presidente

nación   colonia

George Washington también fue un héroe. Él ayudó a liberar a nuestra nación de Gran Bretaña. Washington fue el primer **presidente,** o líder de nuestro país. Lo recordamos en el Día de los Presidentes en febrero.

Los veteranos son hombres y mujeres que lucharon por nuestro país. Honramos a estas personas valientes en el Día de los Veteranos en noviembre.

1. Encierra en un círculo a uno de los héroes sobre los que leíste. **Subraya** un dato sobre este héroe.

Los días feriados de nuestra nación

Celebramos el pasado de nuestra nación en los días feriados. El Día de Acción de Gracias es un día feriado. Otro es el Cuatro de Julio.

Hace mucho tiempo, llegaron a esta tierra personas de Gran Bretaña para establecer colonias. Una **colonia** es una tierra gobernada por otro país.

Muchas personas de las colonias no querían que las gobernara otro país. Los líderes votaron por una Declaración de Independencia el 4 de julio de 1776. La declaración decía que las colonias querían ser libres. Ahora celebramos el Día de la Independencia el 4 de Julio.

Celebración del Día de la Independencia alrededor de la Estatua de la Libertad

138

2. ⊙ **Hechos y opiniones** **Escribe** la letra *H* al lado del hecho. **Escribe** la letra *O* al lado de la opinión.

Las colonias lograron la independencia.

Los líderes de las colonias eran valientes.

3. ⊙ **Causa y efecto** **Lee** las oraciones de abajo. (Encierra) en un círculo la causa. **Subraya** el efecto.

Las personas de las colonias querían ser libres. Escribieron una Declaración de Independencia.

4. 🎯 ¿Cómo celebras alguno de nuestros días feriados nacionales?

mi Historia: Ideas

⬛ **¡Para!** Necesito ayuda

▶ **¡Sigue!** Ahora sé

Las historias de nuestro pasado

Estas ilustraciones muestran la historia de Johnny Appleseed.

Hay muchas historias sobre el pasado de nuestro país. Algunas historias cuentan hechos sobre personas y sucesos reales. Un **hecho** es algo que es cierto. Annie Oakley y Davy Crockett fueron personas reales. Paul Bunyan y John Henry no fueron personas reales. Sus historias son de **ficción,** o historias inventadas.

Annie Oakley

De joven, Annie Oakley aprendió a cazar animales para comer. Era muy buena cazadora. Más tarde, Annie participó en el espectáculo El Indómito Oeste de Buffalo Bill. Allí, mostró sus destrezas como cazadora.

1. **Subraya** un hecho sobre Annie.

ANNIE OAKLEY

Dibuja lo que crees que Johnny hará después.

Aprenderé cuál es la diferencia entre los hechos históricos y la ficción.

Vocabulario

hecho
ficción

Davy Crockett

Davy Crockett nació en Tennessee. De niño, trabajó en una granja y manejó una carreta. Al crecer, entró al ejército.

Al igual que Annie Oakley, Davy era buen cazador. Fue un gran cazador de osos.

Cuando estaba en el ejército, Davy luchó por Texas. Texas quería liberarse de México. Davy murió durante esta lucha. Hoy en día contamos muchas historias sobre él.

2. ◉ **Comparar y contrastar**
Subraya las palabras que dicen en qué se parecían Davy Crockett y Annie Oakley.

Paul Bunyan

Paul Bunyan no fue una persona real. Las historias que se cuentan sobre él son de ficción. Paul creció hasta llegar a ser muy alto. ¡Les ponía a sus camisas ruedas de carreta en lugar de botones!

Paul tenía un buey azul que se llamaba Babe. Babe era tan grande y fuerte como Paul. Paul cortaba los árboles y Babe se los llevaba. Las huellas de ambos dejaban grandes hoyos en el suelo. Los hoyos se llenaron de agua de lluvia ¡y se convirtieron en lagos!

3. **Subraya** un detalle inventado.

John Henry

Las historias sobre John Henry son de ficción. John Henry ayudó a construir el ferrocarril. Les ponía clavos a las rocas con un martillo. Lo hacía más rápido que cualquiera.

Un día, había que hacer una vía de ferrocarril a través de una montaña. La gente pensó que lo más rápido sería usar un taladro de vapor. Pero John Henry sabía que él era más rápido. Estaba seguro de poder hacer el trabajo.

John martilló y martilló: *Pum, pum, pum.*
¡Le ganó al taladro de vapor!

4. **Subraya** un detalle inventado.

5. ⊙ **Idea principal y detalles Escribe** un detalle que muestre que Paul Bunyan no era una persona real.

6. ❓ ¿A qué persona de la lección celebrarías? Di por qué.

mi **Historia: Ideas**

⬛ **¡Para!** Necesito ayuda

▶ **¡Sigue!** Ahora sé

Compartimos nuestras culturas

¡Imagínalo!

Mira a estos niños jugando su juego favorito.

Los niños de otros países hablan idiomas diferentes. Tienen culturas diferentes. Vas a conocer a algunos niños de otros países.

Conoce a Choon-Hee

¡Hola! Soy Choon-Hee, de Corea del Sur. Cuando llego a casa de la escuela, dejo los zapatos al lado de la puerta. Esta es una antigua costumbre de mi país. Luego, toco música. Por último, preparo la mesa. Usamos palillos para comer.

1. 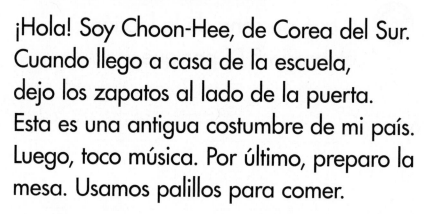 **Secuencia Escribe** 1, 2 o 3 al lado de la oración que indica qué hace Choon-Hee primero, luego y por último.

Dibuja un juego que te gusta jugar.

Vocabulario

fiesta

Conoce a Pedro

¡Hola! Me llamo Pedro. Vivo con mi familia en México. Mi casa está cerca del mar. Me gusta nadar. Me gusta jugar fútbol. En los Estados Unidos lo llaman *soccer*.

El sábado habrá una **fiesta,** o celebración, en mi pueblo. Oiremos música y comeremos cosas ricas. Jugaremos y nos divertiremos.

2. **Escribe** una cosa que Pedro hace y que a ti te gustaría hacer.

Conoce a Hawa

Soy Hawa, de Malí. Vivo con mi familia. Mi madre es maestra. Algún día, yo quiero ser maestra.

Mi familia se levanta a las 7 en punto. Desayunamos y luego me voy a la escuela a pie. Tardo 20 minutos en llegar.

Mi clase se reúne en el patio de recreo. Izamos la bandera de nuestro país. Cantamos la canción de nuestro país.

3. **Subraya** algo que Hawa y tú hacen en la escuela.

Conoce a Kurt

¡Guten Tag! Eso quiere decir "hola" en alemán. Yo vivo en una ciudad grande de Alemania. Tengo una computadora que uso en la escuela. También la uso para escribirles a los amigos que viven lejos.

4. **Encierra** en un círculo las palabras que quieren decir "hola" en alemán.

5. ◉ **Comparar y contrastar** **Escribe** una manera en que tú y los niños de esta lección se parecen. **Escribe** una manera en que se diferencian.

6. ❓ ¿Qué es lo que más te gusta de otra cultura? ¿De dónde es?

mi Historia: Ideas

🔲 **¡Para!** Necesito ayuda

▶ **¡Sigue!** Ahora sé

Usar fuentes gráficas

Las fuentes gráficas son fotografías, tablas o ilustraciones. Las puedes usar para obtener información. Al mirar una imagen, te haces preguntas sobre lo que ves. Luego tratas de hallar las respuestas en la imagen.

Mira esta fotografía. ¿Dónde queda este lugar? ¿Qué clase de lugar es? ¿Cómo van de un lugar a otro las personas de allí? La fotografía muestra una ciudad de China. Muchas personas montan en bicicleta. Algunas van a pie. Otras van en carro.

¡Inténtalo!

Mira la fotografía de abajo. **Escribe** lo que ves.

1. ¿Qué clase de lugar es?

2. ¿Cómo van las personas de un lugar a otro?

Lección 1

1. **Dibuja** un tipo de ropa que usan las personas que viven en un lugar frío.

Lección 2

2. ◉ **Comparar y contrastar Escribe** una manera en que se parecen las familias. **Escribe** una manera en que se diferencian las familias.

Semejanzas: _____

Diferencias: _____

3. **Encierra** en un círculo dos celebraciones.

Lección 4

4. **Escribe** el nombre de un héroe nacional. **Escribe** por qué honramos a esa persona.

_____

_____

_____

5. **Traza** una línea para unir cada día feriado con una de las fotos.

Día de la Independencia   Día de los Veteranos

6. Rellena el círculo de la respuesta correcta.

La historia sobre Annie Oakley es

Ⓐ   una historia verdadera.

Ⓑ   una historia de ficción.

Ⓒ   sobre Buffalo Bill.

Ⓓ   sobre la caza de animales para comer.

Lección 6

7. Traza una línea para unir cada palabra de cultura con una foto.

celebración   música   idioma

¿Cómo se comparte la cultura?

Conéctate en línea para escribir e ilustrar tu **myStory Book** usando **miHistoria: Ideas** de este capítulo.

En este capítulo aprendiste sobre personas y culturas de muchos lugares.

Piensa en tu propia cultura.

Dibuja una costumbre de tu familia. **Rotula** tu dibujo.

Mientras estás en línea, dale un vistazo a **myStory Current Events,** donde puedes crear tu propio libro sobre un tema de actualidad.

 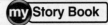

Nuestro pasado, nuestro presente

PREGUNTA PRINCIPAL

¿Cómo cambia la vida a lo largo de la historia?

Dibuja lo que verías si pudieras viajar al pasado.

mi Historia: Video

Lección 1   Medir el tiempo

Lección 2   Hablar sobre el tiempo

Lección 3   ¿Cómo aprendemos acerca de la historia?

Lección 4   Los héroes estadounidenses

Lección 5   La vida, antes y ahora

Lección 6   La tecnología, antes y ahora

 # Empecemos con una canción

Explosión de tecnología

Canta con la melodía de "The More We Get Together".

Hay mucha diferencia

en la correspondencia.

Periódicos y cartas

dan paso a Internet.

Antes los fonógrafos

tocaban discos.

Hoy los auriculares

se usan, más bien.

Vistazo al vocabulario

reloj

calendario

pasado

presente

futuro

historia

documento

explorador

electricidad

invento

comunicarse

transporte

Viaje al espacio

Viaje al pasado

Documentos históricos

Documentos históricos

N

MONTE GIGANTE

Medir el tiempo

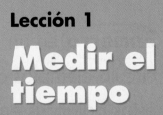

Pon la letra *A* al lado del perro viejo.
Pon la letra *B* al lado del perro joven.

día

noche

Podemos **medir** el tiempo, o dividirlo, de muchas maneras. Hablamos del día y la noche. Durante el día, vas a la escuela. Afuera está claro. Por la noche, vas a dormir. Afuera está oscuro.

También medimos el tiempo en días y en semanas. Hay 7 días en una semana. De lunes a viernes, vas a la escuela. Los sábados y los domingos, te quedas en casa.

Además, medimos el tiempo en meses y en años. Hay 12 meses en un año.

Aprenderé que usamos relojes y calendarios para medir el tiempo.

Vocabulario
....

medir

reloj

calendario

Los relojes miden el tiempo

Los relojes nos ayudan a medir el tiempo. Un **reloj** muestra los segundos, los minutos y las horas. Usamos los relojes para saber la hora del día o la noche.

Algunos relojes tienen manecillas. Una manecilla marca las horas. Otra manecilla marca los minutos. Algunos relojes también tienen una manecilla que marca los segundos. Otros relojes muestran la hora con números.

1. **Subraya** las palabras de estas dos páginas que tengan que ver con el tiempo.

Los calendarios miden el tiempo

Un **calendario** es una tabla. Muestra los días, las semanas y los meses del año. El nombre del mes está en la parte de arriba del calendario. Cada recuadro es un día.

El calendario nos ayuda a saber cuáles son los días especiales. Algunos recuadros tienen dibujos o palabras que muestran los días especiales.

2. ◉ Secuencia (Encierra) en un círculo el primer día del mes en este calendario.

MAYO

Domingo	Lunes	Martes	Miércoles	Jueves	Viernes	Sábado
1	2	3	4	5	6	7
8 Día de la Madre	9	10	11 Cumpleaños de Eric	12	13	14
15	16	17	18	19	20	21
22	23	24	25	26	27	28
29	30 Día de los Caídos	31				

3. ⊙ **Comparar y contrastar Escribe** en qué se parecen los relojes y los calendarios. **Escribe** en qué se diferencian.

4. ¿Cuál es tu mes favorito? ¿Por qué? **Escribe** sobre ese mes.

mi Historia: Ideas

⬛ **¡Para!** Necesito ayuda

▶ **¡Sigue!** Ahora sé

Secuencia

Una secuencia es el orden en el que ocurren las cosas. Usamos palabras clave para mostrar el orden. Algunas palabras clave son *primero*, *luego* y *por último*.

Mira las ilustraciones. Luego lee las oraciones de abajo. Fíjate que cada oración describe una ilustración.

Keisha estuvo ocupada en la escuela.

Primero, leyó un libro.

Luego, estudió sobre los imanes.

Por último, jugó un juego.

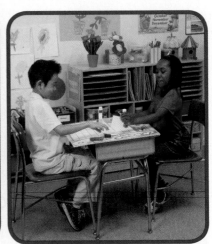

Primero   **Luego**   **Por último**

¡Inténtalo!

1. **Lee** el párrafo sobre lo que hizo Carlos el sábado. **Subraya** las palabras que describen lo que ocurrió primero, luego y por último.

> Carlos se divirtió el sábado.
> Primero, montó en bicicleta. Luego, ordenó las tarjetas de deportistas. Por último, jugó con su gato.

2. **Rotula** las ilustraciones con las palabras *primero, luego* y *por último*.

Hablar sobre el tiempo

¡Imagínalo!

Mira las fotos de los carros.
Rotúlalas con las palabras Viejo o Nuevo.

El **presente** es lo que ocurre hoy en día. *Ahora* describe el presente.

El **pasado** es lo que ocurrió antes de hoy. *Antes* describe el pasado.

El **futuro** es lo que ocurrirá después de hoy. *Mañana* describe el futuro.

Las personas y los lugares cambian con el tiempo. La niña de la ilustración cambió con el tiempo. En el pasado, tenía 4 años de edad. Antes era más bajita. Ahora es más alta.

1. **Subraya** las palabras que describen tiempo.

Vocabulario
....

presente   futuro
pasado   historia

La escuela, antes y ahora

En el pasado, las escuelas no eran como las escuelas de ahora. Los niños de todas las edades estaban en el mismo salón de clase. Algunos niños no iban a la escuela.

Hoy en día van muchos más niños a la escuela. Los niños de la misma edad tienen su propio salón de clase. Hay aparatos nuevos que ayudan a los niños a aprender.

2. ◎ **Comparar y contrastar** (Encierra) en un círculo las cosas de la foto que cambiaron del pasado al presente.

Las comunidades, antes y ahora

Las comunidades cambian con el tiempo. Hoy en día, hay más carros, casas y personas. Los edificios son más altos que en el pasado.

Mira estas fotos. Una foto muestra una comunidad del pasado. La otra foto muestra la misma comunidad en el presente.

3. (Encierra) en un círculo una cosa de las fotos que cambió del pasado al presente.

La **historia** cuenta el pasado de las personas y los lugares. También cuenta sucesos que pasaron hace mucho tiempo. Algunas comunidades hacen desfiles para celebrar su historia.

4. ◉ **Comparar y contrastar Escribe** cómo has cambiado con el tiempo.

El año pasado, yo _____

Ahora, yo _____

5. ❓ ¿Te gustaría viajar al pasado o al futuro? ¿Por qué?

mi Historia: Ideas

_____
_____
_____
_____

⬜ **¡Para!** Necesito ayuda _____

▶ **¡Sigue!** Ahora sé _____

Líneas cronológicas

Una línea cronológica muestra el orden de los sucesos. Se lee de izquierda a derecha. El suceso más antiguo está a la izquierda. El suceso más nuevo está a la derecha. La línea cronológica de abajo muestra cuatro sucesos en la vida de Anila.

¿Qué ocurrió en 2011? Primero, busca ese año en la línea cronológica. Coloca el dedo en ese año. Luego mira la ilustración y las palabras que hay debajo de 2011. Anila aprendió a escribir en 2011.

Línea cronológica de la vida de Anila

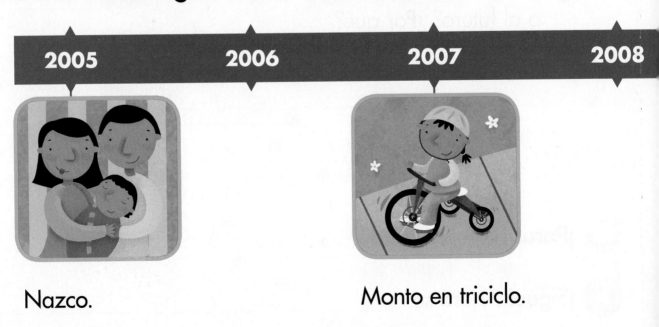

2005   2006   2007   2008

Nazco.   Monto en triciclo.

¡Inténtalo!

1. ¿Qué podía hacer Anila en 2007?

2. **Encierra** en un círculo el suceso de la línea cronológica que ocurrió primero.

3. **Crea** una línea cronológica como la de Anila. Muestra sucesos importantes de tu propia vida.

| 2009 | 2010 | 2011 | 2012 |

Nace mi hermano.   Aprendo a escribir.

¿Cómo aprendemos acerca de la historia?

¡Imagínalo!

Las fotos nos pueden mostrar cómo era la vida en el pasado.

Hay muchas maneras de aprender historia. Puedes escuchar las historias sobre el pasado que te cuenta alguien.

Puedes aprender historia con documentos. Un **documento** es una hoja de papel con palabras.

También puedes aprender cosas del pasado con fotos y objetos. Las fotos muestran cómo eran las personas y los lugares. Los objetos pueden mostrar cosas que usaban las personas.

1. ◉ **Idea principal y detalles** <u>Subraya</u> las maneras en que obtenemos información sobre el pasado.

Dibuja lo que aprendiste sobre tu pasado al ver una foto vieja.

Aprenderé cómo las fuentes primarias y secundarias describen la historia.

Vocabulario

documento
fuente primaria
fuente secundaria

Fuentes primarias

Los documentos y las fotos son fuentes primarias. Describen personas, lugares y sucesos del pasado. Una **fuente primaria** está hecha o está escrita por una persona que estuvo en un suceso.

Un mapa es una fuente primaria. Puede mostrar cómo era un lugar en el pasado. Una carta también es una fuente primaria. La podemos leer para conocer el pasado.

2. **Encierra** en un círculo la fecha que muestra cuándo se escribió esta carta.

UNITED · STATES · LINES

On Board S. S. *American Importer*

Dec. 30, 1935

Dear Senator Moore:

I believe it will interest you to know how highly we have come to regard the officers and personnel of the New Jersey State Police since you appointed them to assist us in 1932. During this time I have learned to have the utmost confidence and respect for Col. Schwarzkopf and his organization. I feel that their work has always been

Fuentes secundarias

Una **fuente secundaria** también cuenta algo sobre personas, lugares y sucesos del pasado. Estas fuentes se escribieron o se hicieron después de que ocurrió el suceso. Tus libros escolares y los libros de la biblioteca son fuentes secundarias.

3. **Subraya** una fuente secundaria.

Usar fuentes

¿Cómo sabes si una fuente dice la verdad? Puedes hacer preguntas sobre esa fuente. ¿De dónde viene la información? ¿Quién escribió la fuente? ¿Cuándo se hizo la fuente? ¿Por qué se hizo la fuente?

También puedes leer muchas fuentes. Luego ves si los hechos son los mismos. Las buenas fuentes dan los mismos hechos.

4. **Subraya** dos maneras de saber si una fuente dice la verdad.

5. ⊙ **Comparar y contrastar** **Completa** la tabla para mostrar en qué se parecen y en qué se diferencian una foto y una carta sobre sucesos pasados.

	Foto	Carta
Semejanzas	fuente primaria	fuente primaria
Diferencias		

6. ? Quieres viajar a un período de tiempo en el pasado. ¿Cómo puedes saber más sobre ese período de tiempo antes de viajar?

mi Historia: Ideas

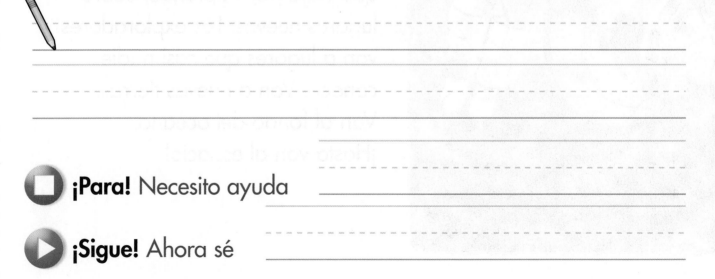

⬛ **¡Para!** Necesito ayuda _____

▶ **¡Sigue!** Ahora sé _____

Los héroes estadounidenses

¡Imagínalo!

Algunas monedas muestran personas importantes del pasado.

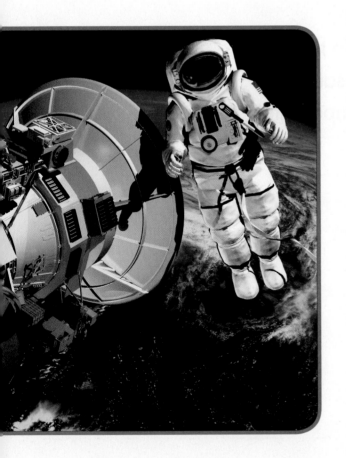

Los héroes son personas que trabajan mucho para ayudar a otros. Son honestos. Se puede confiar en ellos. Son valientes y se enfrentan a peligros. Toman el mando. Son responsables.

Los héroes exploran

Un **explorador** es una persona que viaja para aprender sobre lugares nuevos. Los exploradores van a lugares que casi nadie conoce. Van a nuevas tierras. Van al fondo del océano. ¡Hasta van al espacio!

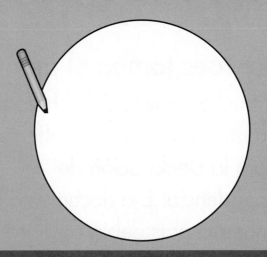

Dibuja tu propia moneda en la que muestres a una persona importante.

Vocabulario

explorador

Hace mucho tiempo, nadie sabía qué tan grande era nuestro país. Meriwether Lewis y William Clark fueron a averiguarlo. Eran exploradores. Lewis y Clark volvieron y contaron a otras personas lo que habían visto.

Le pidieron ayuda a una indígena americana llamada Sacagawea. En el viaje, conocieron a otros indígenas que no hablaban inglés. Sacagawea los ayudó a entenderse con ellos.

1. **Subraya** los nombres de dos exploradores.

Thomas Jefferson

Abraham Lincoln

Harriet Tubman

Los héroes toman el mando

Hay muchos héroes en la historia de nuestro país. Thomas Jefferson escribió la Declaración de Independencia. Ese documento decía que nuestro país debía ser libre. Más adelante, Thomas Jefferson fue uno de nuestros presidentes.

Abraham Lincoln fue presidente cuando nuestro país estaba en guerra. En ese momento, muchos afroamericanos no eran libres. Lincoln los ayudó a ser libres.

Harriet Tubman era afroamericana. Se escapó para ser libre. Luego ayudó a más de 300 personas a ser libres.

2. ⊚ **Comparar y contrastar Subraya** una palabra que muestre en qué se parecían Jefferson y Lincoln.

3. ● **Causa y efecto** Escoge una de las personas sobre las que leíste. ¿Cómo cambió este héroe la vida de otras personas?

4. ❓ ¿A qué héroe del pasado te gustaría conocer? ¿Por qué?

mi Historia: Ideas

■ **¡Para!** Necesito ayuda

▶ **¡Sigue!** Ahora sé

La vida, antes y ahora

¡Imagínalo!

¿Qué bicicleta es del pasado? ¿Qué bicicleta es del presente?

Hace mucho tiempo, las personas usaban lámparas de aceite para tener luz. No había electricidad. La **electricidad** es un tipo de energía. Hoy en día, las lámparas usan electricidad.

La electricidad fue un invento importante. Un **invento** es algo que se hace por primera vez.

Los inventos pueden cambiar la manera de hacer las cosas. Hace mucho, las personas lavaban la ropa a mano. Hoy en día, usamos lavadoras que funcionan con electricidad. Este invento hace la vida más fácil.

Aprenderé cómo la vida diaria ha cambiado con el tiempo.

Escribe Pasado o Presente al lado de cada bicicleta.

Vocabulario

electricidad
invento

La vida diaria, antes y ahora

Las personas necesitan alimentos, ropa y vivienda. Hace mucho tiempo, muchas personas cultivaban sus propios alimentos. También hacían su propia ropa. Construían casas para sus familias.

Hoy en día, obtenemos lo que necesitamos de otras maneras. Casi todos compramos la comida y la ropa en tiendas. Vivimos en casas que construyen otras personas.

1. ◉ **Idea principal y detalles** (Encierra) en un círculo la idea principal de arriba. **Subraya** los detalles.

La escuela, el trabajo y los juegos

Hace mucho, algunos niños iban a la escuela. Otros aprendían en casa.

La mayoría de los niños tenían quehaceres. Recogían leña para calentar y cocinar. Iban a buscar agua. Después de los quehaceres, los niños jugaban con juguetes. También jugaban otros juegos.

2. **Subraya** los quehaceres que hacían los niños hace mucho tiempo.

Las familias, antes y ahora

Cada familia tiene una historia. Puedes mirar fotos para saber más sobre el pasado de tu familia. Pregúntale a alguien de tu familia cómo era la vida en el pasado. Averigua cómo eran la escuela, el trabajo y los juegos.

3. **Escribe** una manera de conocer la historia de tu familia.

_____

- - - - - - - - - - - - - - - - - -

_____

4. ● **Comparar y contrastar** **Completa** la tabla. **Escribe** cómo ha cambiado la vida del pasado al presente.

Pasado	Presente
lámpara de aceite	electricidad
hacían la ropa	
cultivaban alimentos	

5. ¿Qué cosa crees que ha cambiado más del pasado al presente?

mi Historia: Ideas

☐ **¡Para!** Necesito ayuda

▶ **¡Sigue!** Ahora sé

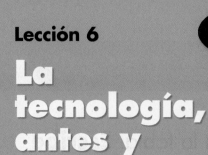

Lección 6

La tecnología, antes y ahora

¡Imagínalo!

Encierra en un círculo las maneras de comunicarte con tus amigos.

¿Cómo hablas con los amigos que viven lejos? Puedes llamarlos. Puedes tomar un autobús para visitarlos. Hace mucho tiempo, no se podía hacer esas cosas.

La comunicación, antes

Comunicarse es compartir información con otros. Hace mucho, las personas no tenían teléfono. Se enviaban cartas. Era una manera lenta de comunicarse. Las cartas se enviaban a caballo. ¡Tardaban semanas en llegar!

Aprenderé cómo la comunicación y el transporte han cambiado con el tiempo.

Vocabulario

comunicarse   transporte
correo electrónico

La comunicación, ahora

Hoy en día hay maneras más rápidas de comunicarse. Los aviones llevan cartas por todo el mundo. Ahora, las cartas tardan pocos días en llegar.

Podemos usar computadoras para comunicarnos. Un **correo electrónico** es un mensaje que se envía por computadora. ¡El mensaje tarda segundos en llegar!

También usamos computadoras para conectarnos a Internet. Usamos Internet para estudiar y trabajar. También la usamos para comunicarnos.

1. **Subraya** las palabras que describen cómo nos comunicamos hoy en día.

El transporte, antes

El **transporte** es la manera en que vamos de un lugar a otro. Hace mucho tiempo, no había carros ni trenes. Para ir de un lugar a otro, había que hacerlo a caballo o a pie. Algunas personas viajaban en carretas tiradas por caballos. También viajaban por agua en barcos pequeños. Un viaje largo tardaba meses.

El transporte, ahora

El transporte es mucho más rápido hoy en día. Usamos carros, autobuses y trenes. Viajamos por agua en barcos grandes. Para visitar un lugar lejano, podemos ir en avión. Los carros, los trenes y los aviones son rápidos. Hoy en día, podemos viajar muy lejos en un solo día.

2. ⊙ **Idea principal y detalles** (Encierra) en un círculo la idea principal en el párrafo de arriba. **Subraya** dos detalles.

3. ⊚ **Comparar y contrastar** **Escribe** dos maneras de viajar del pasado. **Escribe** dos maneras de viajar del presente.

Pasado: _____

_____

_____

Presente: _____

_____

_____

4. ⓟ ¿Cuál es una manera en que ha cambiado la comunicación del pasado al presente?

mi Historia: Ideas

_____

_____

_____

⬛ **¡Para!** Necesito ayuda _____

▶ **¡Sigue!** Ahora sé _____

Lección 1

1. **Dibuja** algo que usamos para medir el tiempo.

Lección 2

2. (Encierra) en un círculo las palabras que se usan para hablar del tiempo.

antes	mañana	escuela
hoy en día	casa	pasado
amigos	ahora	presente
hace mucho tiempo	futuro	ropa

3. ◉ **Secuencia** **Escribe** la palabra que sigue.

pasado, presente, _____

Lección 3

4. Traza una línea desde cada palabra hasta la ilustración correcta.

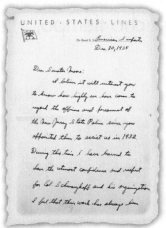

foto

documento

Lección 4

5. Completa la oración con las palabras de los recuadros.

héroe

ayudar

_____

Un _____ es alguien que trabaja para _____ a otros.

6. Completa las oraciones. **Escribe** una diferencia entre la vida de hace mucho tiempo y la vida de hoy en día.

Hace mucho tiempo,

Hoy en día,

7. Rellena el círculo de la respuesta correcta.

¿Qué tipo de transporte se usa hoy en día para viajar lejos?

Ⓐ caballo   Ⓒ avión

Ⓑ carreta   Ⓓ bicicleta

my Story Book

Conéctate en línea para escribir e ilustrar tu **myStory Book** usando **miHistoria: Ideas** de este capítulo.

¿Cómo cambia la vida a lo largo de la historia?

Piensa en tu viaje al pasado.

Dibuja algo que "viste" en el pasado.

Mientras estás en línea, dale un vistazo a **myStory Current Events,** donde puedes crear tu propio libro sobre un tema de actualidad.

Estados Unidos de América: Mapa político

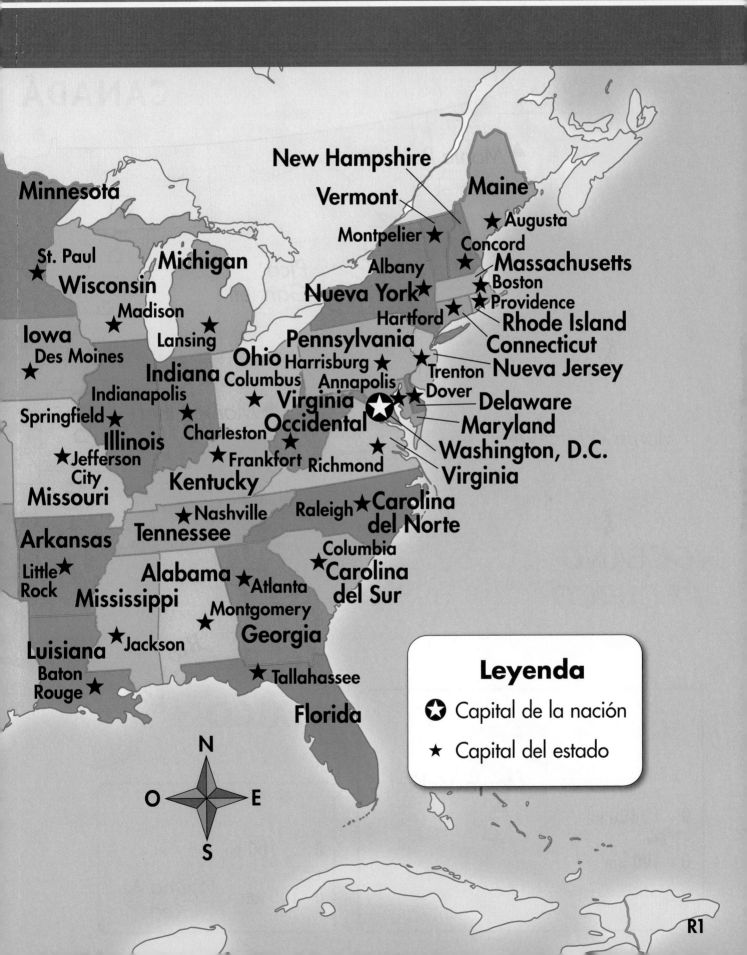

Minnesota

St. Paul ★

Wisconsin

Madison ★

Michigan

Lansing ★

Iowa
Des Moines
★

Indiana
Indianapolis ★

Springfield ★

Illinois
★ Jefferson
City
Missouri

Arkansas
Little ★
Rock

Mississippi

Luisiana
Baton
Rouge ★

★ Jackson

Alabama
★ Montgomery

Montgomery

Georgia

★ Tallahassee

Florida

Tennessee
★ Nashville

Kentucky
★ Frankfort

Charleston ★

Virginia
Occidental

Ohio
Columbus ★

Pennsylvania
Harrisburg ★

Annapolis
★

Richmond
★

Virginia

New Hampshire

Vermont

Montpelier ★

Albany
★

Nueva York

Hartford
★

Maine

★ Augusta
Concord
★

Massachusetts
★ Boston
★ Providence
Rhode Island
Connecticut

Trenton
★

Dover
★

Nueva Jersey

Delaware
Maryland
Washington, D.C.

Raleigh ★

Carolina
del Norte

Columbia
★ Carolina
del Sur

N

O   E

S

Leyenda

⭐ Capital de la nación

★ Capital del estado

CANADÁ

▲ Monte Rainier

Montañas Rocosas

Grandes Llanuras

Pico Gannett ▲

Monte Elbert ▲

Monte Whitney ▲

OCÉANO PACÍFICO

Río Grande

MÉXICO

Monte McKinley ▲

0 400 mi

0 400 km

0 100 mi

0 100 km

Mauna Kea ▲

G

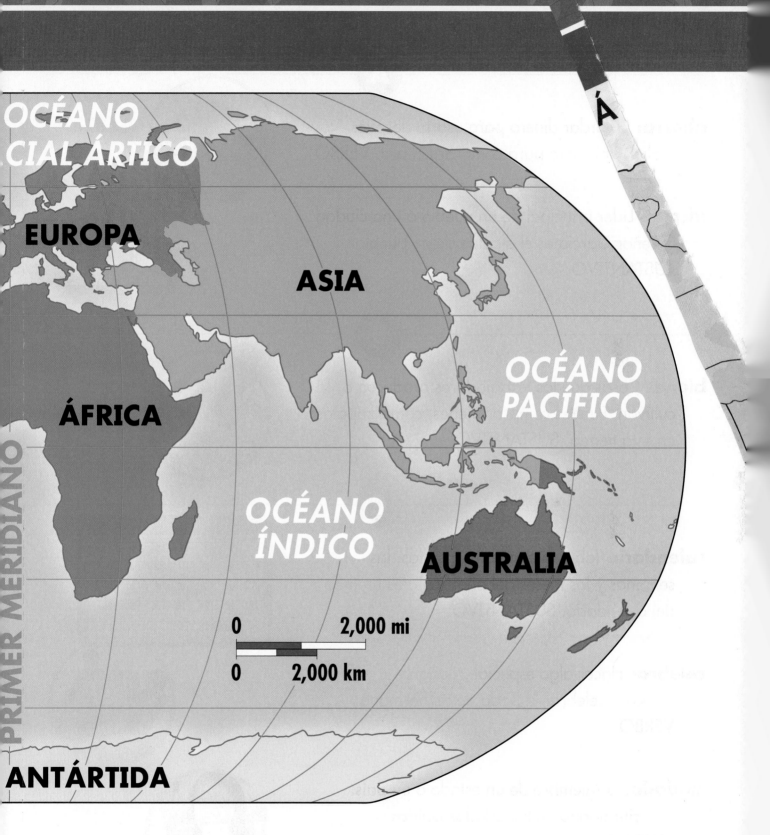

OCÉANO
CIAL ÁRTICO

EUROPA

ASIA

Á

ÁFRICA

OCÉANO
PACÍFICO

PRIMER MERIDIANO

OCÉANO
ÍNDICO

AUSTRALIA

0   2,000 mi

0   2,000 km

ANTÁRTIDA

R5

Glosario

A

ahorrar Guardar dinero para usarlo después. Voy a **ahorrar** dinero para comprar el libro. VERBO

alcalde Líder principal de un pueblo o una ciudad. El señor García es el **alcalde** de mi pueblo. SUSTANTIVO

B

bienes Cosas que los trabajadores producen o cultivan. Puedes comprar **bienes**, como zapatos, en esta tienda. SUSTANTIVO

C

calendario Tabla que muestra los días, las semanas y los meses del año. Junio es un mes del calendario. SUSTANTIVO

celebrar Hacer algo especial. Mañana vamos a **celebrar** la boda de mi hermana. VERBO

ciudadano Miembro de un estado o un país. Soy **ciudadano** de los Estados Unidos. SUSTANTIVO

colina Formación de tierra alta, pero no tanto como una montaña. Vivo en la cima de una colina. SUSTANTIVO

colonia Área gobernada por otro país. La Florida antes era una colonia de España. SUSTANTIVO

comunicarse Compartir información con otras personas. Las personas pueden comunicarse a través del teléfono. VERBO

comunidad Lugar donde las personas viven, trabajan y juegan. En mi comunidad hay un desfile el Día de los Caídos. SUSTANTIVO

consumidor Alguien que compra bienes y servicios. Mi papá es consumidor cuando compra alimentos. SUSTANTIVO

continente Área muy grande de tierra. América del Norte es un continente. SUSTANTIVO

cooperar Trabajar en conjunto. Cooperamos para mantener ordenada la clase. VERBO

correo electrónico Mensaje electrónico enviado por computadora. Recibí un correo electrónico. SUSTANTIVO

costumbre Manera en que las personas suelen hacer algo. Las personas tienen por **costumbre** darse la mano para saludarse. SUSTANTIVO

cultura Manera en que vive un grupo de personas. Celebrar los días feriados es parte de la **cultura**. SUSTANTIVO

D

derecho Lo que las personas son libres de hacer o tener. Tienes **derecho** a asistir a la escuela. SUSTANTIVO

deseos Las cosas que nos gustaría tener. Algunos de mis **deseos** son un juego y patines. SUSTANTIVO

desierto Terreno muy seco. Cae muy poca lluvia en el desierto. SUSTANTIVO

día feriado Día especial. El Kwanzaa es un día feriado que celebramos en mi familia. SUSTANTIVO

dinero Monedas o billetes que las personas usan para comprar cosas. El juego costó mucho dinero. SUSTANTIVO

dirección Palabra que indica hacia dónde ir o dónde está algo. Sur es una **dirección** en un mapa. SUSTANTIVO

documento Hoja de papel con palabras. La Constitución es un **documento** importante. SUSTANTIVO

E

electricidad Tipo de energía. Nuestras luces usan electricidad. SUSTANTIVO

escaso Cuando no hay suficiente cantidad de algo. Muchas plantas no crecen si el calor del sol es escaso. ADJETIVO

explorador Persona que viaja a lugares desconocidos para descubrir qué hay allí. Un astronauta es un **explorador**. SUSTANTIVO

F

familia Grupo de personas que viven juntas. Tengo una **familia** grande. SUSTANTIVO

ficción Algo que es inventado. La historia de John Henry es de **ficción**. SUSTANTIVO

fiesta Celebración con baile y música.
Escucharemos música en la fiesta. SUSTANTIVO

fuente primaria Algo que está escrito o está
hecho por una persona que estuvo en un
suceso. Una foto es un tipo de fuente primaria.
SUSTANTIVO

fuente secundaria Algo que está escrito o está
hecho por una persona después de que ocurrió
un suceso. Un libro de historia es una fuente
secundaria. SUSTANTIVO

futuro Lo que ocurrirá después de hoy. En el futuro,
quiero ser maestro. SUSTANTIVO

G

globo terráqueo Modelo de la Tierra. Puedo
buscar América del Norte en un globo terráqueo.
SUSTANTIVO

gobernador Líder de un estado. Nuestro
gobernador quiere que ayudemos a mantener
limpios los parques. SUSTANTIVO

gobierno Grupo de ciudadanos que trabajan juntos
para hacer reglas y leyes. El gobierno de nuestro
estado aprobó una ley de reciclaje. SUSTANTIVO

H

hecho Algo que es verdadero. Es un **hecho** que Davy Crockett creció en Tennessee. SUSTANTIVO

héroe Alguien que trabaja mucho para ayudar a los demás. Un bombero es un **héroe** que ayuda a salvar vidas. SUSTANTIVO

historia Relato de las personas, los lugares y los sucesos del pasado. Yo estudio **historia** en la escuela. SUSTANTIVO

I

idioma Las palabras con las que hablamos. Mi familia habla más de un **idioma**. SUSTANTIVO

intercambiar Dar una cosa para obtener otra. A mi amigo y a mí nos gusta **intercambiar** libros. VERBO

intercambio Algo que se deja para obtener otra cosa. Hago un **intercambio** cuando escojo jugar fútbol en vez de leer. SUSTANTIVO

invento Algo que se hace por primera vez. El foco fue un **invento** importante. SUSTANTIVO

L

lago Masa de agua grande rodeada de tierra. Paseamos en bote por el lago. SUSTANTIVO

ley Regla que todos deben obedecer. En nuestro estado hay una ley sobre el uso del cinturón de seguridad. SUSTANTIVO

leyenda Lista que indica qué significan los símbolos de un mapa. Usé la leyenda del mapa para hallar el parque. SUSTANTIVO

líder Alguien que ayuda a las personas a decidir qué hacer. El alcalde es un líder de mi ciudad. SUSTANTIVO

M

mapa Dibujo de un lugar que muestra dónde están las cosas. Usamos un mapa para hallar el camino a casa. SUSTANTIVO

medir Dividir algo en partes que se pueden contar. Para medir el tiempo, lo dividimos en horas y días. VERBO

mercado Lugar donde se venden bienes. Mi mamá compra el pan en el mercado. SUSTANTIVO

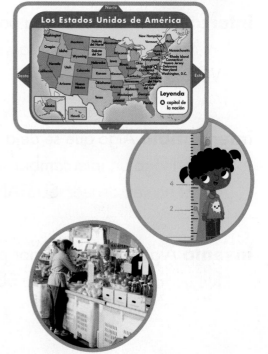

montaña La formación de tierra más alta. Hay nieve en la cima de la **montaña**. SUSTANTIVO

N

nación Grupo de personas que tienen un gobierno. El presidente es el líder de nuestra **nación**. SUSTANTIVO

necesidades Cosas que las personas deben tener para vivir. Los alimentos y la ropa son necesidades. SUSTANTIVO

O

océano Masa de agua salada muy grande. Nadamos en el **océano** todos los veranos. SUSTANTIVO

opción Cosa que se escoge de entre dos o más cosas. Mi **opción** de merienda es una barra de cereal. SUSTANTIVO

P

pasado Lo que ocurrió antes de hoy. En el pasado, aprendí a montar en bicicleta. SUSTANTIVO

pedir prestado Obtener dinero de una persona o de un banco y prometer devolverlo. Mi papá quiere pedir prestado dinero para comprar un carro. VERBO

presente Lo que ocurre ahora. Las escuelas del presente son diferentes de las escuelas del pasado. SUSTANTIVO

presidente Líder de nuestro país. Las personas votan para escoger al presidente. SUSTANTIVO

productor Alguien que produce o cultiva bienes. Un granjero es un productor. SUSTANTIVO

R

reciclar Hacer algo nuevo con algo que se usó antes. Se puede reciclar papel para hacer papel nuevo. VERBO

reducir Usar menos cantidad de algo. Podemos reducir la cantidad de agua que usamos. VERBO

reloj Instrumento que muestra qué hora es. Hay un reloj grande en nuestro salón de clase. SUSTANTIVO

responsabilidad Algo que las personas deben hacer. Dar de comer al perro es mi responsabilidad. SUSTANTIVO

reutilizar Usar algo más de una vez. Puedo reutilizar una bolsa para llevar cosas de la tienda. VERBO

río Larga masa de agua que fluye sobre la tierra hacia un lago o un océano. Navegamos en bote por el río. SUSTANTIVO

S

servicios Trabajos que las personas hacen para ayudar a otros. Enseñar y entrenar son servicios. SUSTANTIVO

símbolo Algo que representa otra cosa. La bandera de nuestro país es un símbolo de los Estados Unidos. SUSTANTIVO

T

tiempo Cómo está el día en un determinado momento y lugar. Espero que el tiempo sea bueno durante nuestro picnic. SUSTANTIVO

trabajo Tareas que hacen las personas. Mi trabajo en casa es lavar los platos. SUSTANTIVO

tradición Manera de hacer algo que las personas pasan a otras a través del tiempo. Una tradición de mi familia es almorzar juntos el domingo. SUSTANTIVO

transporte Manera en que las personas van de un lugar a otro. Usamos carros como medio de transporte. SUSTANTIVO

vivienda Lugar donde vivir. Todos necesitamos alimentos, ropa y vivienda. SUSTANTIVO

votar Escoger una opción que se cuenta. Un día podré votar para presidente. VERBO

Índice

En este índice, se enumeran las páginas en las que aparecen los temas de este libro. Los números de página en negrita indican dónde se encuentran las definiciones.

A

"A conocer el mundo", 119
Acción de Gracias, 138
afroamericanos
 King, Martin Luther, Jr., 136
 libertad para, 176
 Tubman, Harriet, 176
agua
 masas de, 97
 necesidad de, 52
águila de cabeza blanca, 39
ahorrar, 70
alcalde, 33
alimentos
 como necesidad, 50, 51, 52, 122
"America", 40
América del Norte, 101, 102
antes y ahora
 comunicación, 182–183
 escuela, 165
 familias, 180
 transporte, 184
 vida diaria, 179–180
años, 158
Appleseed, Johnny, 140, 141
Aprendizaje del siglo XXI
 Tutor en línea, 9
"Así seré", 47
autobús, choferes de, 60

B

Babe, 142
bandera estadounidense, 11, 38
 Juramento a la, 15
basura, recolección de la, 33
biblioteca, bienes en la, 59
bienes, 58
 ejemplos de, 58–59
 intercambiar, 68
 tipos de, 61
 usar dinero para obtener, 69
biografías
 Clark, William, 175
 Crockett, Davy, 140, 141
 Jefferson, Thomas, 176

King, Martin Luther, Jr., 136
 Lewis, Meriwether, 175
 Lincoln, Abraham, 176
 Oakley, Annie, 140, 141
 Sacagawea, 175
 Tubman, Harriet, 176
bodas, celebración de, 130
bomberos, 30, 33, 37, 60
Buffalo Bill y su espectáculo El Indómito Oeste, 140
Bunyan, Paul, 140, 142

C

calendario, 160
 para medir tiempo, 160
cambios, hechos por personas, 98
Campana de la Libertad, 39
Canadá, 102
canciones
 "A conocer el mundo", 119
 "America", 40
 "Así seré", 47
 "Explosión de tecnología", 155
 "My Country, 'Tis of Thee", 40
 "Nuestra bandera", 11
 "¡Qué lindo es conservar!", 83
 "The Star-Spangled Banner", 40
capital, 92
capitanes de un equipo, 30
cartas, 182–183
 como fuente primaria, 171
casa
 derechos en, 19
 líderes en, 29
 reglas en, 25
 responsabilidades en, 20, 126
 trabajos en, 75
Casa Blanca, 36, 39
causa, 62
celebraciones
 en comunidades, 132
 en nuestro país, 136–138
 en familia, 130–131
celebrar, 130
Choon-Hee, 144
ciudadano, 14
 definición de, 14
 derechos de, 18, 19

en la comunidad, 16
 en la escuela, 15
 en el gobierno, 32
 juramento a la bandera y, 15, 40
 reglas y, 14, 15
 responsabilidades de, 14, 18, 19
 ser buen, 10
 voto de, 34
Clark, William, 175
cocineros, 76
Colaboración y creatividad, Conflicto y cooperación, 22–23
colina, 96
colonia, 138
comida
 como aspecto de la cultura, 122
 como bien, 59
 en celebraciones, 132
comprar, 64–67
 escoger opciones al, 55
computadoras, 55, 112, 183
comunicación
 antes y ahora, 182–183
 medios de, 112
comunicarse, 112, **182**
comunidades, 16
 antes y ahora, 166
 bienes en, 59
 celebraciones en, 132
 ciudadanos en, 16
 definición, 16
 gobierno de, 33
 leyes en, 26
 líderes en, 30, 33
 limpieza de, 16, 26
 reglas en, 16, 26
 trabajadores de servicios en, 60
conflicto, 22
 cooperación para terminar, 23
Constitución, 40–41
consumidores, 65, 66
continente, 101
cooperación
 entre personas, 10
 para resolver conflictos, 22
cooperar, 21, 22
correo electrónico, 183
costo de oportunidad, 56
costumbre, 126
 familiar, 126–127

Crockett, Davy, 141
Cuatro de Julio, 138
cuentos exagerados
    John Henry, 142–143
    Paul Bunyan, 142
cultura, 122
    aprender sobre otra, 144–146
    compartir, 144–147, 153
    comida como aspecto de, 122
    historias como aspecto de, 132
    idioma como aspecto de, 122
    ropa como aspecto de, 123
    viviendas como aspecto de, 124

Declaración de Independencia, 40,
    138, 176
derecho, 18
    de ciudadanos, 18, 19
    en casa, 19
    en la escuela, 19
    leyes y, 26
deseos, 51
    de personas, 51
    satisfacer, 52
desierto, 96
Destrezas de gráficas
    Líneas cronológicas, 168–169
    Tablas y gráficas, 72–73
Destrezas de lectura
    Causa y efecto, 4, 35, 53, 55,
    57, 59, 62–63, 70, 77, 80,
    107, 139, 177
    Comparar y contrastar, 6, 27,
    61, 93, 99, 113, 125, 128,
    133, 134–135, 141, 147, 150,
    161, 165, 167, 173, 176, 181,
    185
    Hechos y opiniones, 2–3, 14,
    21, 25, 29, 33, 36–37, 38, 41,
    43, 53, 71, 139
    Idea principal y detalles, 5, 17,
    19, 31, 64, 67, 75, 86, 89, 90,
    98, 101, 103, 106, 108–109,
    112, 116, 123, 130, 143, 170,
    179, 184
    Secuencia, 7, 129, 144, 160,
    162–163, 186
Día de la Independencia, 138
Día de los Presidentes, 137
Día de los Veteranos, 137
día feriado, 131

Acción de Gracias, 138
Día de la Independencia, 138
Día de los Presidentes, 137
Día de los Veteranos, 137
Eid al Fitr, 131
familiar, 131
Kwanzaa, 131
Navidad, 131
Pascua judía, 131
días, 158
dibujar, 10, 19, 23, 45, 46, 65, 75,
    81, 82, 87, 95, 117, 118, 127,
    141, 145, 150, 153, 154, 171,
    175, 189
dinero, 52
    ahorrar, 70
    como bien escaso, 55
    ganar, en trabajo, 74, 75
    intercambiar bienes y servicios, 69
    pedir prestado, 70
    trabajar para ganar, 52
    usar, 69
dirección, 86
directores, 76
    como líderes, 28, 30
doctores, 30, 60
documento, 170, 171

economía
    ahorrar dinero y, 70
    bienes y, 58–59, 68, 69
    comercio y, 64, 68
    comprar y, 55, 64–67
    consumidores y, 65, 66
    escasez y, 55
    ganar dinero y, 74, 75
    intercambios en, 56
    mercados y, 66
    necesidades y deseos y, 50–52
    opciones y, 54–55
    pedir prestado dinero y, 70
    productores y, 65
    servicios y, 60, 68, 69
    trabajadores y, 60, 74–76
    trabajos y, 46
    usar dinero y, 69
edificio del Capitolio, en Tallahassee,
    Florida, 34
efecto, 62
Eid al Fitr, 131
electricidad, 178

enfermeras, 60
escaso, 55
Escritura, 8, 15, 17, 18, 21, 27, 31,
    35, 41, 53, 55, 57, 61, 63, 65,
    67, 71, 77, 89, 93, 101, 103,
    107, 113, 123, 124, 125, 128,
    129, 131, 133, 135, 139, 143,
    145, 147, 149, 161, 167, 169,
    173, 177, 180, 181, 185
escuela(s), 180
    antes y ahora, 165
    bienes en, 59
    ciudadanos en, 15
    derechos en, 19
    líderes en, 28
    mapa de, 88
    reglas en, 25
    responsabilidades en, 20
    trabajadores de servicios en, 60
    trabajos en, 76
Estados Unidos, 102
    días feriados en, 137, 138
    héroes de, 136–137
    mapa de, 92
    símbolos de, 11, 36, 38–39
Estatua de la Libertad, 39
este, 88
explorador, 174
exploradores, 174–175
    Clark, William, 175
    Lewis, Meriwether, 175
"Explosión de tecnología", 155

familia, 126
familias
    antes y ahora, 180
    celebraciones de, 130–131
    compartir culturas de, 128
    costumbres de, 126–127
    días feriados y, 131
    que trabajan juntas, 75
    responsabilidades de, 126
    semejanzas y diferencias, 126
    tamaño de, 126
    tradiciones de, 130
ficción, 140
fiesta, 145
Florida, edificio del Capitolio en la, 34
fotos, 170, 171, 180
fuente primaria, 171
    cartas como, 171

documentos como, 171
fotos como, 171
mapas como, 171
fuente secundaria, 172
libros escolares como, 172
fuentes
primarias, 171
secundarias, 172
usar, 172
fuentes gráficas, 148–149
futuro, 164

geografía
continentes en, 101, 102
dirección en, 86, 87
masas de agua y, 97, 101
mapas en, 88, 91–92, 94–95, 100
personas y, 98
planeta Tierra en, 90
recursos naturales en, 104, 106
tiempo en, 105, 106
tipos de tierra en, 96
globo terráqueo, 90
gobernador, 34
gobierno, 32
ciudadanos en, 32
de comunidad, 33
del estado, 34
nacional, 34–35
tipos de, 32
gobierno del estado, 34
gobierno nacional, 34–35

Hawa, 146
hecho, 36, **140**
Henry, John, 140, 142–143
héroe, 136, 174
Clark, William, 175
Crockett, Davy, 140, 141
Jefferson, Thomas, 176
King, Martin Luther, Jr., 136
Lewis, Meriwether, 175
Lincoln, Abraham, 176
Oakley, Annie, 140, 141
Sacagawea, 175
Tubman, Harriet, 176

historia, 167. *Ver también* antes y ahora
aprender, 170–172
cambios en la vida, 154
exploradores, 174–176
historias
como aspecto de la cultura, 132
del pasado, 140–143
horas, 159
hoy, 164

idioma, 122
como aspecto de la cultura, 122
¡Imagínalo!, 14, 18, 24, 28, 32, 38, 50, 54, 58, 64, 68, 74, 86, 90, 96, 100, 104, 110, 122, 126, 130, 136, 140, 144, 158, 164, 170, 174, 178, 182
indígenas americanos, 175
intercambiar, 64, 68
intercambio, 56
hacer un, 56
Internet, 183
invento, 178

Jefferson, Thomas, 176
jugar, 180
juguetes, ejemplo de deseo, 52
Juramento a la bandera, 15, 40

King, Martin Luther, Jr., 136
Kurt, 146
Kwanzaa, 131

lago, 97
Lewis, Meriwether, 175
ley, 26

definición, 26
del estado, 34
derechos y, 26
en la comunidad, 26
hacer, 32, 34
King, Martin Luther, Jr., hacer justa la, 136
nacional, 34
obedecer, 30
leyenda, mapa, **91,** 94
leyenda del mapa, 91, 94
líder, 28
definición, 28
en casa, 29
en la comunidad, 28, 30, 33
en la escuela, 28, 30
reglas hechas por, 29
Lincoln, Abraham, 176
líneas cronológicas, 168–169
lugares, ubicación de, 87

maestros, 60, 76
como líderes, 30
mañana, 164
mapa, 88
como fuente primaria, 171
definición, 88
del centro, 94
del mundo, 100
de una ciudad, 91
de una escuela, 88
de un estado, 91
Estados Unidos de América, 92
lugares en, 92
partes de, 94–95
símbolos en, 94
título de, 94
zona residencial, 95
mapa de una ciudad, 91
mapa del mundo, 100, 115
mapas del estado, 91
masas de agua, 97
medio ambiente, 104–106
Medios y tecnología, Usar fuentes gráficas, 148–149
medir, 158
medir el tiempo, 158–160
mercado, 66, 128
meses, 158
nombres de, 160

México, 102
miHistoria: ¡Despeguemos!, 10, 46, 82, 118, 154
miHistoria: Ideas, 17, 21, 27, 31, 35, 41, 53, 57, 61, 67, 71, 77, 89, 93, 99, 103, 107, 113, 125, 129, 133, 139, 143, 147, 161, 167, 173, 177, 181, 185
miHistoria: Video, 10, 46, 82, 118, 154
minutos, 159
montaña, 96
mundo, observar nuestro, 82
myStory Book, 45, 81, 117, 153, 189

nación, 136
naturales, recursos, 104
naturaleza, 96, 98
Navidad, 131
necesidades, 50
    de personas, 50, 51, 81
    de vivienda, 50
    satisfacer, 52
niños
    conflictos entre, 22
    cooperación entre, 22
    de otras culturas, 144–146
noche, 158
norte, 88
"Nuestra bandera", 11

Oakley, Annie, 140, 141
Obama, Barack, 34
objeto, 170
océano, 97, 101
océano Glacial Ártico, 101
océano Atlántico, 101
océano Pacífico, 101
oeste, 88
opción, 54
    escoger, 54–57, 106
opinión, 36

país, amor por el, 15
palabras que indican dirección, 86
    usar, 86–87
pasado, 164, 179
    historias del, 140–143, 170
Pascua judía, 131
pedir prestado, 70
Pedro, 145
personas
    cambios hechos por, en la Tierra, 98
    cooperación entre, 10, 45
    deseos de, 51
    necesidades de, 50, 51, 81
policía, 30, 31, 33, 60
presente, 164, 178
presidente, 34, 137
    Jefferson, Thomas, 176
    Lincoln, Abraham, 176
    Obama, Barack, 34
    Washington, George, 137
productor, 65, 66

"¡Qué lindo es conservar!", 83

reciclar, 106
recursos naturales, 104
    cuidar, 106
reducir, 106
regla de oro, 24
reglas
    de la comunidad, 26
    de oro, 24
    de seguridad, 24, 26, 29, 30
    en casa, 25
    en el salón de clase, 24
    en la escuela, 24, 25
    hacer, 32, 34
    líderes que hacen, 29
    seguir, 14, 15, 24
reloj, 159
    para medir el tiempo, 159

Repaso y Evaluación, 42–44, 78–80, 114–116, 150–152, 186–188
respeto, mostrar, 22
responsabilidad, 14
responsabilidades
    de ciudadanos, 18, 19
    en casa, 20, 126
    en la escuela, 20
reutilizar, 106
río, 97
ropa
    como aspecto de la cultura, 123
    como necesidad, 52
rosa de los vientos, 94

Sacagawea, 175
salón de clase, reglas del, 24
se parecen, 134
se parecen y se diferencian, 134–135
    familias, 126
    viviendas, 134–135
secuencia, 160, 162
    segundos, 159
seguridad, reglas de, 24, 26, 29, 30
servicio(s), 60
    intercambiar, 68
    intercambiar dinero por, 69
    tipos de, 61
    trabajadores de, 60
símbolo, 38
    águila de cabeza blanca, 39
    bandera estadounidense, 11, 38
    Campana de la Libertad, 39
    Casa Blanca, 36, 39
    Estatua de la Libertad, 39
    Tío Sam, 38
sur, 88

tablas, 51, 61, 72
Tallahassee, Florida, edificio del Capitolio en, 34
tecnología, antes y ahora, 182–183
"The Star-Spangled Banner", 40
tiempo
    calendarios para medir el, 160
    escoger una opción según el, 106

hablar sobre el, 164
medir el, 158–160
relojes para medir el, 159
Tierra, la, 90
    agua en, 97
    continentes en, 101
    cuidar, 106
    globo terráqueo como modelo
       de, 90
    hacer cambios en, 98
    lugares de, 96
    océanos de, 101
    tipos de tierra en, 96
tierra, tipos de, 96
Tío Sam, 38
título del mapa, 94
trabajadores
    de servicios, 60
    que producen bienes, 58–59
trabajar, 180
trabajo, 74
    en casa, 75

en la escuela, 76
de servicio, 60
distintos tipos de, 47, 76
para ganar dinero, 74
tradición, 130
    contar historias como, 132
    familiar, 130
transporte, 111, 184
    antes y ahora, 184
    usar, 111, 119
Tubman, Harriet, 176

ubicación
    efecto en nuestra vida, 105–106
    identificar en mapas y globos
    terráqueos, 88, 92, 94–95,
    100–103
    identificar y describir, 86–88

vender, 64–67
veteranos, 137
vida diaria, antes y ahora, 178–179
Vistazo al vocabulario, 12–13,
    48–49, 84–85, 120–121,
    156–157
vivienda, 50, 122
    como aspecto de cultura, 124
    necesidad de, 50, 52, 122
    semejanzas y diferencias,
    134–135
votar, 25

Washington, D.C., 36, 92
Washington, George, 137

Reconocimientos

Illustrations

CVR1, 22, 23, 29, 83, 119, 155 Nancy Davis; **CVR2, 24, 25** Dave Kirwin; **CVR2, 28, 29, 182** Jenny Matheson; **2, 3, 4, 5, 6, 7** Mary Anne Lloyd; **11, 18** Paul Eric Roca; **12, 62, 63, 64, 108, 109** Louise Ellis; **14, 48, 84** Viviana Garafoli; **32, 72, 156** Laura Huliska-Beith; **47, 86** Marcos Calo; **50, 51, 140, 141** Allegra Agliardi; **50, 96, 162** Shirley Beckes; **54, 58** Gwen Keraval; **68, 168, 169, FM** Holli Conger; **70, 86, 87, 104, 141, 142, 143** Bernard Adnet; **88, 114** Lyn Boyer; **90** Aga Kowalska; **120, 180** Nancy Cote; **130, 131, 178, 179** Karen Roy; **136** Steffane McClary; **161** Ivanke & Lola; **164** Marion Billett; **R7, R10, R15** Louise Ellis; **R8** Jenny Matheson; **R9** Bernard Adnet; **R9** Kory Heinzen; **R9** Viviana Garafoli; **R12** Marion Billett; **R13** Shirley Beckes.

Maps

XNR Productions, Inc.

Photographs

Every effort has been made to secure permission and provide appropriate credit for photographic material. The publisher deeply regrets any omission and pledges to correct errors called to its attention in subsequent editions.

Unless otherwise acknowledged, all photographs are the property of Pearson Education, Inc.

Photo locators denoted as follows: Top (T), Center (C), Bottom (B), Left (L), Right (R), Background (Bkgd)

Cover

CVR1 (CL) ©Associated Press, (BL) ©Free SoulProduction/ Shutterstock, (BR) 1971yes/Shutterstock, (BCL) Comstock Images/ AGE Fotostock, (TR) NPA/Stone/Getty Images, (BL) visuelldesign, 2010/Shutterstock; **CVR2** Jenny Matheson; **CVR2** (BL) ©DK Images, (C) Ariel Skelley/Corbis, (TR) Hulton Archive/Getty Images;

Front Matter

v (BR) Comstock Images/AGE Fotostock; **vi** (BL) Martin Wierink/ Alamy; **ix** (BR) Rhea Anna/Getty Images;

14 (BL) Ariel Skelley/Blend Images/Getty Images; **15** (CR) Comstock Images/AGE Fotostock; **16** (B) David Young-Wolff/PhotoEdit, Inc.; **18** (B) ©DK Images; **19** (C) Jose Luis Pelaez/ Iconica/Getty Images; **21** (TR) Frank Siteman/ PhotoEdit, Inc.; **24** (BL) picturesbyrob/Alamy Images; **25** (CR) Karen Kasmauski/Terra/Corbis, (BR) Merrill Education; **28** (BL) Lacy Atkins/Corbis News/Corbis; **30** (TL) iStockphoto/ Thinkstock; **31** (TR) Dennis MacDonald/PhotoEdit, Inc.; **32** (BL) Jeff Greenberg/PhotoLibrary/PhotoLibrary Group, Inc.;

33 (BR) Stewart Cohen/Blend Images/Getty Images; **34** (BL) Christopher Halloran,2010/Shutterstock; **35** (TR) Richard Hutchings/PhotoEdit, Inc.; **36** (C) henri conodul/Photolibrary Group, Inc.; **37** (C) Thomas Del Brase/Photographer's Choice RF/Getty Images; **38** (TR) David Madison/Getty Images, (BL) Jupiterimages/ liquidlibrary/Thinkstock, (TC) Lagui,2010/ Shutterstock; **39** (CR) ©DK Images, (TC) Comstock/Thinkstock, (TL) Jupiterimages/Photos/Thinkstock, (BR) visuelldesign,2010/ Shutterstock; **40** (TL) Comstock/Thinkstock; **41** (TR) Rich Koele, 2010/Shutterstock; **51** (CR) IE127/Image Source/Alamy; **52** (B) Maria Spann/Getty Images, (TL) Ray Kachatorian/Getty Images; **54** (TC) Martin Wierink/Alamy, (TR) Roman Milert/ Alamy; **56** (BL) iStockphoto/Thinkstock, (BR) Randy Faris/ Corbis; **58** (BL) charlie bonallack/Alamy Images, (TC) Creatas Images/Thinkstock, (TL) Pixtal/SuperStock; **59** (TL) ©Masterfile Royalty-Free, (L) Peter Beck/Corbis, (TC) WoodyStock/Alamy Images; **60** (BL) Dave Nagel/Getty Images; **64** (TR) Hemera Technologies/Thinkstock; **66** (TL) Jose Luis Pelaez Inc/Blend Images/Corbis, (B) Ron Buskirk/Alamy Images; **68** (TC) Exactostock/SuperStock, (TR) SuperStock; **69** (BR) Image Source/Getty Images, (TL) Pedro Nogueira,2010/Shutterstock, (TC) Photos/Thinkstock; **74** (B) Jack Hollingsworth/Photodisc/ Thinkstock, (TR) JLP/Jose L. Pelaez/Corbis; **75** (BC) Kevin Dodge/Corbis; **76** (TL) Shalom Ormsby/Blend Images/Corbis, (BL) Islandstock/Alamy Images; **78** (CL) Huw Jones/Alamy Images, (TL) Martin Wierink/Alamy, (TC) Pedro Nogueira,2010/ Shutterstock, (CR) Roman Milert/Alamy; **79** (BC) Jose Luis Pelaez Inc/Blend Images/Corbis, (BR) Pixtal/SuperStock; **90** (BL) Serg64,2010/Shutterstock; **96** (BL) ©Jupiterimages/Thinkstock, (CL) Phil Emmerson,2009/Shutterstock, (CL) Wendy Connett/ Robert Harding World Imagery/Getty Images; **97** (BCR) ©DK Images, (B) Medioimages/Photodisc/Thinkstock, (TCR) Milosz Aniol,2010/Shutterstock; **98** (B) Tischenko Irina/Shutterstock; **100** (TR) NPA/Stone/Getty Images; **104** (BR) Ariel Skelley/ Blend Images/Corbis, (B) iStockphoto/Thinkstock; **105** (CR) iStockphoto/Thinkstock; **106** (BL) Corbis/SuperStock, (TL) Steve Smith / Purestock/SuperStock; **108** (BL) altrendo travel/Getty Images; **109** (CR) Vasca,2010/Shutterstock; **110** (TR) Maksim Toome,2010/Shutterstock, (B) Ocean/Corbis, (TC) Ssguy,2010/ Shutterstock; **111** (TL) EuroStyle Graphics/Alamy Images, (TC) iStockphoto/Thinkstock, (CR) Transtock/SuperStock; **112** (BL) Erin Patrice O'Brien/Photodisc/Getty Images, (T) moodboard/ Corbis, (CL) Stockbyte/Thinkstock; **122** (CL) Bon Appetit/Alamy Images, (BL) Danny E Hooks,2010/Shutterstock, (CL) Kai Wong/ Shutterstock, (TC) NewsCom, (TR) VALERIE KUYPERS/AFP/ Getty Images; **123** (BR) Masterfile Corporation; **124** (CL) David P. Smith/Shutterstock, (TL) gary yim/Shutterstock; **126** (TR) Creatas Images/Thinkstock, (BL) JGI/Tom Grill/Blend Images/ Corbis, (TC) Sonya Stchison,2010/Shutterstock; **127** (B) Ronnie Kaufman/Corbis; **128** (L) Atlantide Phototravel/Corbis; **130** (BL) ©Masterfile Royalty-Free; **132** (B) ©Lawrence Migdale/ Getty Images; **134** (CR) Medioimages/Photodisc/Thinkstock, (CL) Tatjana Strelkova,2010/Shutterstock; **136** (BL) Bob

Glossary

R6 (TL) Shalom Ormsby/Blend Images/Corbis, (BR) Comstock Images/AGE Fotostock, (BL) Jose Luis Pelaez Inc/Blend Images/Corbis; **R7** (BR) NewsCom, (BL) Ronnie Kaufman/Corbis, (TL) Stockbyte/Thinkstock; **R8** (CL) Bettmann/Corbis, (BL) NASA, (TL) Wendy Connett/Robert Harding World Imagery/Getty Images, (BR) ZouZou,2010/Shutterstock; **R9** (CL) 1971yes/Shutterstock, (TR) Creatas Images/Thinkstock, (BL) Serg64,2010/Shutterstock, (CR) Steve Peixotto/Getty Images; **R10** (CR) ©Jupiterimages/Thinkstock, (CL) Gary Conner/PhotoEdit, Inc., (TL) henri conodul/Photolibrary Group, Inc., (TCL) Hermera/Thinkstock, (BL) Kate Kunz/Corbis, (BR) Thinkstock; **R11** (CR) ©Lawrence Migdale/Getty Images, (TL) Dennis MacDonald/PhotoEdit, Inc., (BR) iStockphoto/Thinkstock, (CL) Milosz Aniol,2010/Shutterstock; **R12** (CL) Image Source/Getty Images, (TR) Jack Hollingsworth/Photodisc/Thinkstock, (BR) Phil Emmerson,2009/Shutterstock, (BL) Wally McNamee/Corbis; **R13** (CL) ©Christopher Halloran/Shutterstock, (CR) Ariel Skelley/Corbis, (BR) Darren Modricker/Corbis, (C) Library of Congress, (TL) Medioimages/Photodisc/Thinkstock, (BL) Pixtal/SuperStock; **R14** (TCL, BR) ©DK Images, (TR) Ariel Skelley/Blend Images/Corbis, (BL) Exactostock/SuperStock, (CL) Jose Luis Pelaez/ Iconica/Getty Images, (TL) Mike Flippo/Shutterstock; **R15** (CR) David P. Smith/Shutterstock, (TCL) ©Masterfile Royalty-Free, (TR) Comstock/Thinkstock, (BR) Randy Faris/Corbis, (CL) Thinkstock; **R16** (TL) ©Masterfile Royalty-Free, (TR) EuroStyle Graphics/Alamy Images, (BL) IE127/Image Source/Alamy, (BR) Steve Smith / Purestock/SuperStock.